design girls championship
デザイン女子No.1決定戦
2012 & 2013 official book

デザイン女子 No.1 決定戦 NAGOYA 2012 & 2013 official book
目次 Contents

デザイン女子 No.1 決定戦とは？・審査基準 1

デザイン女子 No.1 決定戦 2012 NAGOYA 2

  概要 4
  デザイン女子 No.1 決定戦 2012 応募校データ 6
  入選作品紹介 7
  1 次審査＆2 次審査 22
  FINAL 26
  FINAL PRESENTATION＞Q&A 28
  FINAL DISCUSSION 36
  出展作品一覧 44

デザイン女子 No.1 決定戦 2013 NAGOYA 52

  概要 54
  デザイン女子 No.1 決定戦 2012 応募校データ 56
  入選作品紹介 57
  1 次審査＆2 次審査 76
  FINAL 80
  FINAL PRESENTATION＞Q&A 82
  FINAL DISCUSSION 90
  出展作品一覧 98
  デザイン女子 No.1 決定戦 2013　1Day 110

実行委員会・学生委員の活動記録 112

デザイン女子 No.1 決定戦とは？

「デザイン女子 No.1 決定戦」とは、全国の大学・短大・高専・専門学校に在籍する女子学生による建築・インテリアなどの空間に関係するデザインの卒業設計・制作を、地理的に日本の中心となる NAGOYA に集め、その年に卒業するデザイン女子 No.1 を決定する公開審査会です。同時に、選抜優秀作品展示会と、すでに社会で活躍している一流女性デザイナーの講演シンポジウムも開催します。

「デザイン女子 No.1 決定戦」という場は、「女子」という視点とキーワードを介して、都市・建築・インテリア・プロダクトといったデザイン分野について議論することにより、デザイン業界、さらには、社会全体に向けて、新たな視座でのデザインムーブメントを発信することを目指します。

審査基準

「デザイン女子 No.1 決定戦」の審査方針は、「女子」という視点を介して、「空間 / 環境デザイン」について考えること、がキーワードです。人が、触れるプロダクト、寛ぐインテリア、活動する建築、交流する都市、そしてそれらを取り巻く自然と地球など、「空間 / 環境デザイン」とはどんなものなのかを議論しながら審査します。

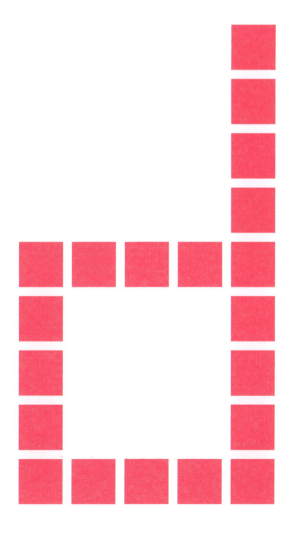

デザイン女子 No.1 決定戦 2012 NAGOYA

2012年3月22日（水）〜23日（木）
サーウィンストンホテル3階 メゾン・ド・フルール

概要 OUT LINE

要項

応募資格：大学・短大・高専・専門学校に在籍する「女子」で、都市・建築・インテリア・プロダクトなどの空間に関するデザインの卒業設計・制作を 2011 年度に取り組んだ学生とします。共同設計・制作の場合も全員がこの応募資格に該当することとします。

登録期間：2012 年 2 月 8 日（金）10:00 ～ 2 月 29 日（金）10：00

登録費：なし

応募作品：1 次審査　ポートフォリオ 1 冊（A3 サイズ）
　　　　　2 次審査　ポートフォリオ 1 冊（A3 サイズ）、パネル 1 枚（A1 サイズ縦）、制作物・模型

開催情報

会期：2012 年 3 月 22 日（水）～ 23 日（木）

会場：サーウィンストンホテル 3 階 メゾン・ド・フルール

プログラム

2012 年 3 月 22 日（水）

09：00-12：30　作品設営（出展者のみ入場可能）

13：30-20：00　作品展示

18：00-19：30　シンポジウム「出来事の設計」赤松佳珠子　CAt パートナー

2012 年 3 月 23 日（木）

09：00-18：30　作品展示

09：00-12：00　2 次審査（審査員巡回）

13：30-17：00　デザイン女子 No.1 決定戦 公開審査

17：30-18：30　表彰式＆ティーパーティー

18：30-20：00　作品撤収（出展者のみ入場可能）

審査委員紹介

1次審査　審査委員

伊藤孝紀　（名古屋工業大学大学院 准教授）
岩月美穂　（studio velocity）
加藤和雄　（大同大工学部 建築学科 客員教授）
川端康人　（インテリアエッセンス）
橋本雅好　（椙山女学園大学 生活科学部生活環境デザイン学科 准教授）
藤田大輔　（岐阜工業高等専門学校 建築学科 講師）
道尾淳子　（愛知淑徳大学 メディアプロデュース学部都市環境デザインコース 助教）
村上　心　（椙山女学園大学／大学院 生活科学部生活環境デザイン学科 教授）

2次審査・ファイナル　審査委員

〈審査委員長〉

赤松佳珠子

ＣＡｔパートナー

1968年東京都生まれ。1990年日本女子大学家政学部住居学科卒業後、シーラカンス（1998年C+A, 2005年よりCAtに改組）に加わる。「千葉市立打瀬小学校」（千葉、1995）「吉備高原小学校」（岡山、1998）「スペースブロック上新庄」（大阪、1995）などに携わり、2002年よりパートナー。代表作に「リベラル・アーツ＆サイエンス・カレッジ」（カタール、2004）「House YK / Islands」（千葉、2005）「宇土市立宇土小学校」（熊本、2011）など。現在、日本工業大学、法政大学、日本女子大学、神戸芸術工科大学非常勤講師。

〈審査委員〉

神谷利徳

神谷デザイン事務所　主宰

1961年愛知県生まれ。1987年「神谷デザイン事務所」設立。
これまでに店舗・住宅など1,000件以上を手掛ける。
仕事範囲は、各種コンサルティング・地域再生事業アドバイザー・講演・大学非常勤講師・執筆活動と、拡大中。
代表作に「坐・和民」（全国各地）、「博多・一風堂」（全国各地）、「GARDEN RESTAURANT 徳川園」（愛知県名古屋市）、「THE TOWER RESTAURANT」（愛知県名古屋市）、「トヨタレクサス CLUB LEXUS」（愛知県名古屋市）

〈審査委員〉

岩月美穂

studio velocity

1977年愛知県生まれ。2004-2005年石上純也建築設計事務所 勤務後、2006年 studio velocity 設立、同年、「岡崎の住宅」にて SD review 2006 入選。2007年「岡崎の住宅」にて日本建築家協会 (JIA) 優秀建築選2007入選。2009年 愛知県弁護士会西三河支部会館プロポーザル3等。2010年「montblanc house」にて愛知住宅賞、中部建築賞、日本建築学会 東海賞を受賞。2011年「曲線の小さなワンルーム」にて JCD award 金賞を受賞。「montblanc house」にて International Archiecture Awards 2011 を受賞。現在、愛知産業大学非常勤講師。

〈審査委員〉〈司会〉

橋本雅好

椙山女学園大学生活科学部生活環境デザイン学科准教授

１９７３年群馬県生まれ。東京大学大学院工学系研究科博士後期課程修了 /2001 日本建築学会奨励賞 /2003 第4回雪のデザイン賞佳作 /2007 第4回キッズデザイン賞入選 /2010 などを受賞。共著 に建築系学生のための卒業設計の進め方／井上書院 /2007 設計に活かす建築計画／学 芸出版社 /2010 など。

デザイン女子No.1決定戦2012 応募校データ

都道府県別応募数

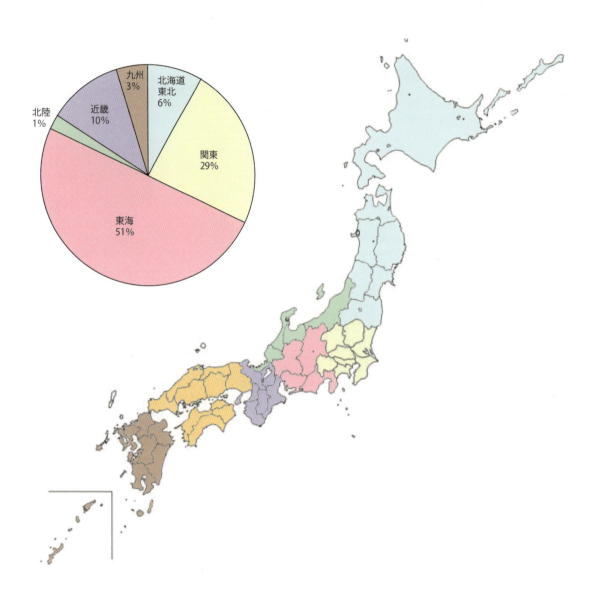

作品分野別応募比率 (%)

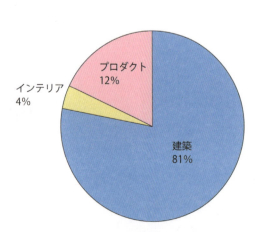

エントリー校一覧

愛知工業大学、愛知産業大学、愛知淑徳大学、秋田県立大学、大阪工業大学、金沢工業大学、岐阜市立女子短期大学、岐阜工業高等専門学校、九州大学、京都造形芸術大学、慶応義塾大学、工学院大学、実践女子大学、芝浦工業大学、昭和女子大学、椙山女学園大学、大同大学、千葉工業大学、千葉大学、東海工業専門学校、東北工業大学、東北大学、豊田工業高等専門学校、長岡造形大学、名古屋芸術大学、名古屋工業大学、名古屋大学、名古屋モード学園、奈良女子大学、武庫川女子大学、明治大学、名城大学 (五十音順)

入選作品紹介

入選作品一覧

デザイン女子No.1	ID47	後藤理奈	慶応義塾大学	「夜神楽三十三番」
デザイン女子No.2	ID10	鈴木さち	東北大学	「産業の波間」
デザイン女子No.3	ID13	池田有衣	岐阜市立女子短期大学	「魔法のベジタブック-子供の野菜嫌い改善のための体験学習ツール-」
特別賞	ID01	近藤裕里	芝浦工業大学	「まちのローカル」
特別賞	ID04	木上奈都子	昭和女子大学	「三六五日の更新」
特別賞	ID08	須永千尋	実践女子大学	「街の序章」
特別賞	ID19	河合摩耶	武庫川女子大学	「わたしのまちのリノベーション」

デザイン女子No.1

ID 47　　慶応義塾大学

後藤　理奈
GOTO Rina

夜神楽三十三番

Concept

私のオリジン探し。観光化したくない場所。
写真には映せない、大事な風景。宮崎県高千穂町秋元村。
11月の紅葉の頃、一日を通して村人は神様と共に舞い遊ぶ。
私は時と共に光と風景が導いてゆく神楽宿を設計したい。

■ カタチ

 → 　畳がうずを巻く。神楽の舞台となる。　　畳は動線となり、人々は自然と中心へ導かれて行く

 → 　道がうずに沿う。人々、神様は自然と導かれる。　　夜神楽の車はうずに引き込まれて行く

 → 　自然は、畳や道の間に組み込まれ、シークエンスをつくる。　　落ち葉がグラデーションをつくる

 → 　うずに建つ柱は、夜神楽の光と風景の舞台をつくる。　　風景が見える／光と影が見える

見える風景／入る光

Design Girls Championship 2012 NAGOYA

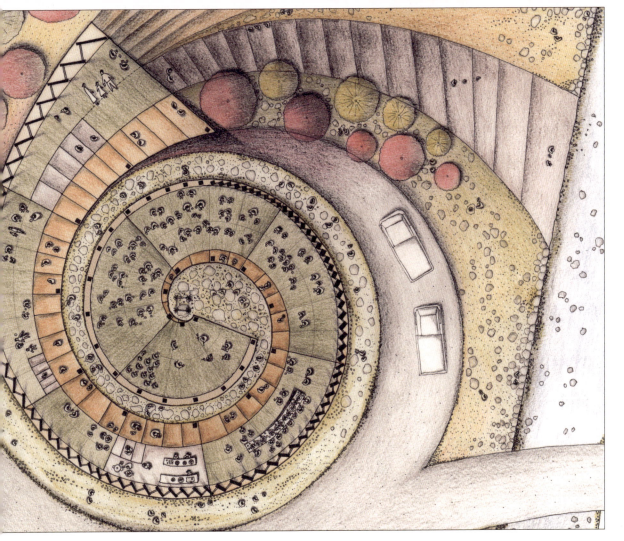
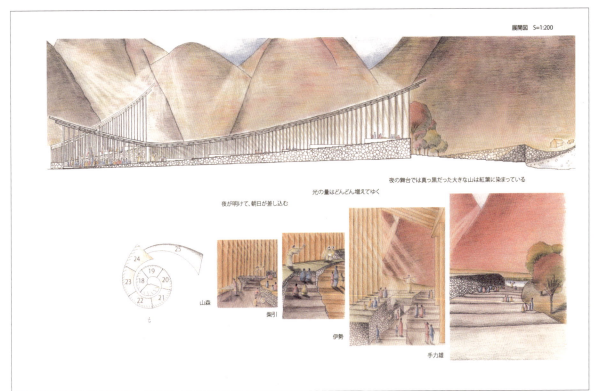

展開図 S=1:200

夜の舞台では真っ黒だった大きな山は紅葉に染まっている
光の量はどんどん増えてゆく
夜が明けて、朝日が差し込む

山森　柴引　伊勢　手力雄

デザイン女子 No.2

ID 10　　東北大学

鈴木　さち
SUZUKI　Sachi

産業の波間

Concept

被災した石巻の水産加工団地。
ここに、産業の復興のための複合工場を作る。
つながりの強い機械工業と水産工業を組み合わせた研究開発工場と、
波のような屋根を通り抜けながら市民が製品を楽しめる場所を作る。

10　Design Girls Championship 2012 NAGOYA

石巻の水産加工団地は津波により大きな被害を受けた。
ほとんどの会社が自社工場を持つため、機械や設備を買い直さなければならず、復興が遅れている。
水産業はサプライチェーンが重要だ。冷蔵・冷凍機能や加工機能が復興しない限り、漁業の復興も難しい。そんな中、少数の大企業は操業を再開した。しかし彼らは、原料を輸入し、製品を東京に送り出しているような企業である。彼らにとって石巻は単に通過点に過ぎない。三陸産の魚を使って独自の製品を作る中小企業に限って再開できずにいる。
しかし、彼らにとってもまた、石巻は通過点でしかない。地元の魚を使っているのに地元で売っていない。都市部のスーパーが百貨店でしか彼らの商品を手に入れることはできない。
そういった事情から、地元の人からはよく分からない、近寄りがたい、と思われている水産加工団地。全国に誇れる地元の産業として、地元の人にもっと身近に感じてもらえるような団地として復興したい。

産業の波間で
～石巻水産加工技術研究工場メガファクトリー～

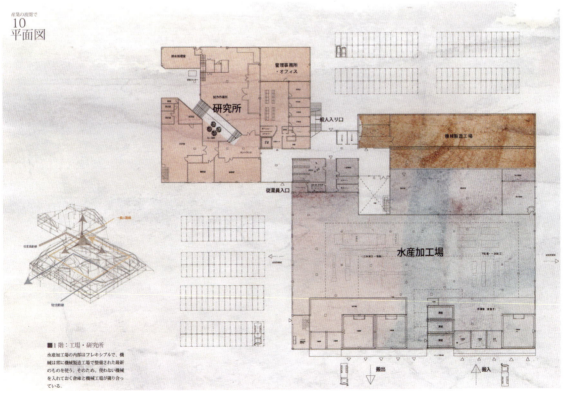

10 平面図

■1階：工場・研究所

水産加工場の内部はフレキシブルで、機械は常に機械製造工場で整備された最新のものを使う。そのため、使わない機械を入れておく倉庫と機械工場が隣り合っている。

デザイン女子No.3

ID 13　　岐阜市立女子短期大学

池田　有衣
IKEDA Yui

魔法のベジタブック
―子供の野菜嫌い改善のための体験学習ツール―

Concept

子供の野菜嫌い改善のための、野菜作り体験キットと
野菜の情報学習ツールを統合したプロダクト。
子供用コンテンツと大人用コンテンツがあり、
野菜を知る、育てる、食べるの３部構成で野菜作りを楽しく学習、体感できる。

■ プロダクトの特徴

本プロダクトのコンテンツは大きく「遊びや楽しさの提供を重視した子供用コンテンツ」と「野菜栽培にあたっての実用的情報の提供を重視した大人用コンテンツ」に分けられる。これら2種類のコンテンツを1つのプロダクトとしてまとめるためのアイディアとして、両面印刷と折りの特性を活用している。

じゃばら状の紙の両面に、それぞれ「子供用コンテンツ」と「大人用コンテンツ」が印刷されている。

折りたたんだ際、ページの左右に2ヶ所ずつ穴が開いており、ここに付属のリングをはめることで本の形状として読むことが可能となる。

左右どちらの穴にリングをはめるかによって開き方向が変化し、読めるコンテンツが「子供用コンテンツ」「大人用コンテンツ」と変化する。

また、リングをはめず、じゃばら状のまま読むことも可能。この場合、表と裏を親子で同時に読み進めたり、広げて全体を一度に眺めることもできる。

特別賞

ID 01　　芝浦工業大学

近藤　裕里
KONDO Yuri

まちのローカル

Concept

小学生の頃、学校の境界を飛び出してまち中を駆け回り、
まちと1つになって遊んだ記憶。
まちと一体化した小学校を提案する。

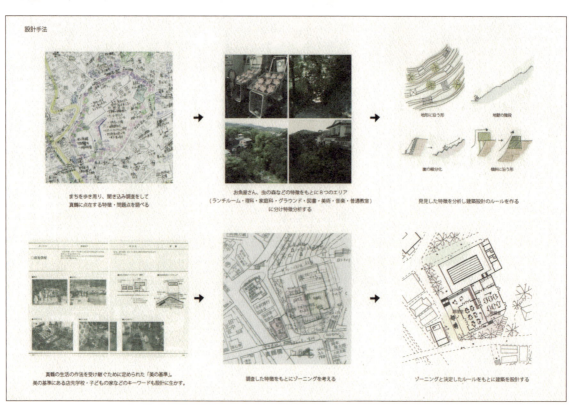

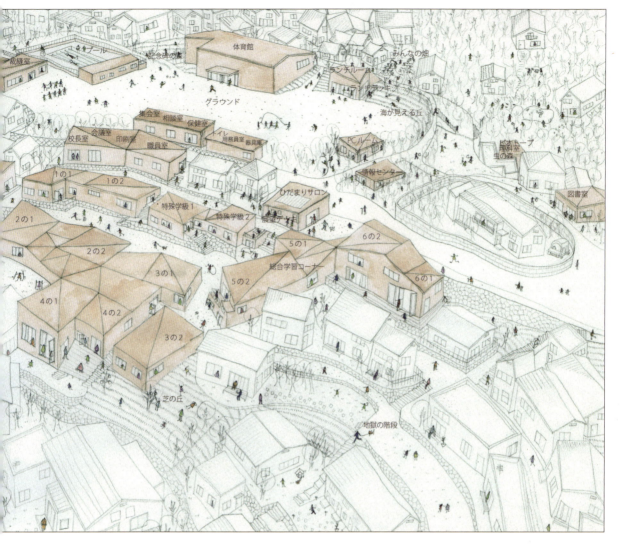
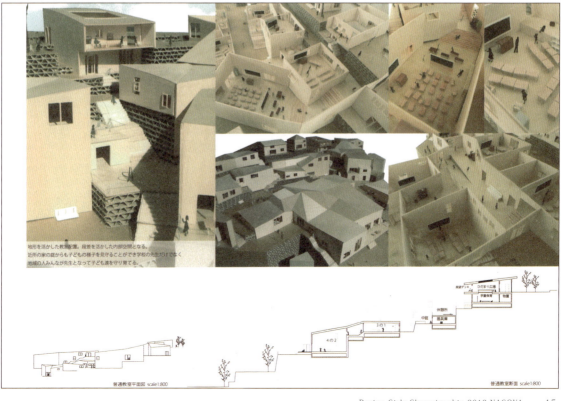

普通教室平面図 scale1:800　　普通教室断面 scale1:800

特別賞

ID 04　昭和女子大学

木上　奈都子
KIGAMI Natsuko

三六五日の更新

Concept

土の成分や気候、その環境に合わせて成長する植物。
そんな植物のように、
時の流れによって、
利用する人に合わせ、
三六五日休むことなく更新し続ける建築を提案する。

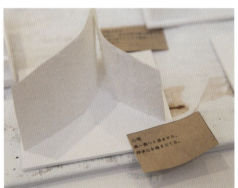

■形状と成り立ち

時間軸
時間によって開かれ方が変わり
「表」と「裏」の概念を変える
そして探求心を掻き立てる。

立面図

断面図

|軸
まりから連続して暗渠化された渋谷川が眺められる
にたどり着く。ふとした瞬間、時の流れを感じる。

単軸分枝型
建物の一部分が伸び続け成長する。
切り取られた空により季節を感じる。

ほふく型
茎が地表を這う。
節々から根を下ろし、地下でつながる
ことで新たな探求心が芽生える。

主根と側根
植物を支え、水や養分を吸収し、これを
茎の方へ送る役目を持つ器官である。
人は流行を吸収し、この道の養分となる。

根
を伸びる根の一部が地上に突出したもの。
だけでなく地下でもつながる。

直立型
茎が直立し、主軸がはっきりしている。

分枝型
茎が下部から枝分かれし主軸がはっきりしない。
主軸がはっきりしないことで、カフェへ行く道、広場へ行く道、
近道、自分のお気に入りの道を見つけ出すことが出来る。

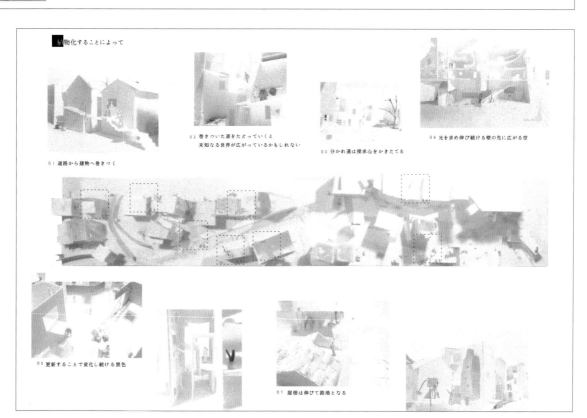

植物化することによって

01 道路から建物へ巻きつく
02 巻きついた道をたどっていくと未知なる世界が広がっているかもしれない
03 分かれ道は探求心をかきたてる
04 光を求め伸び続ける壁の先に広がる空

03 更新することで変化し続ける景色
01 屋根は伸びて路地となる

Design Girls Championship 2012 NAGOYA

特別賞

ID 08　実践女子大学

須永　千尋
SUNAGA Chihiro

街の序幕

Concept
....

街の発展は、一つの舞台にたとえられる。
序幕、第一幕、第二幕…終わりのない舞台。
私が計画したのは序幕の部分。
人々は序幕でつくられた空間に誘導されながら
自分たちの空間を、物語を作り出していく。

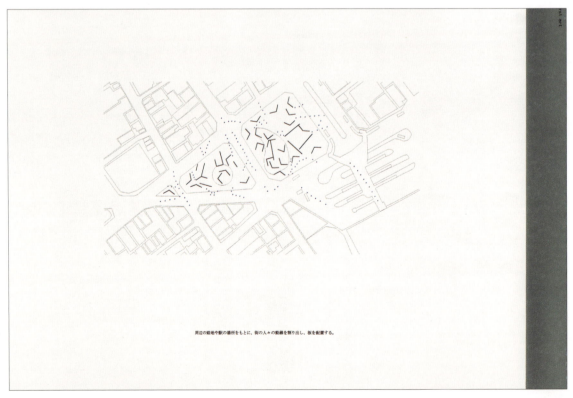

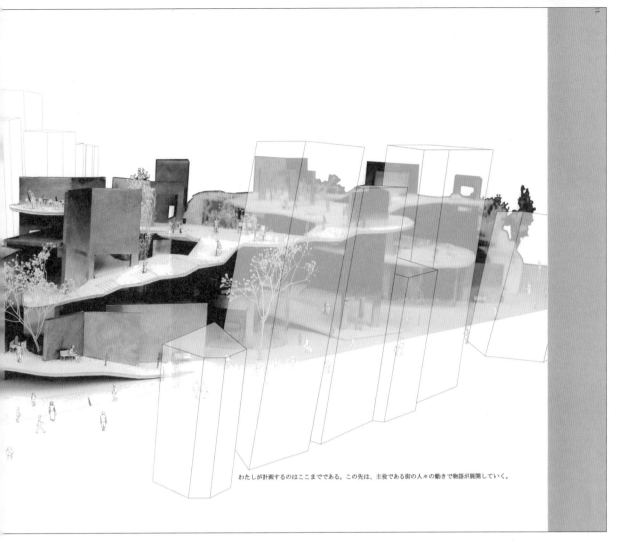

わたしが計画するのはここまでである。この先は、主役である街の人々の動きで物語が展開していく。

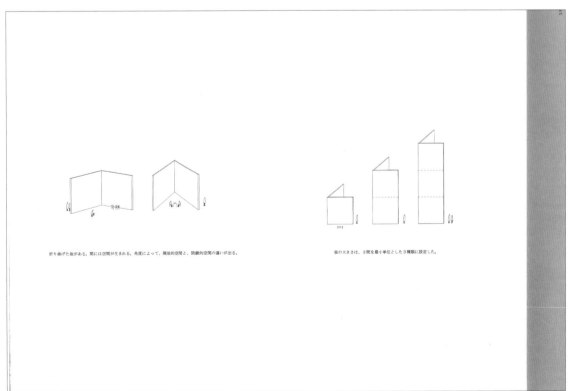

折り曲げた板がある。間には空間が生まれる。角度によって、開放的空間と、閉鎖的空間の違いが出る。

板の大きさは、3間を最小単位とした3種類に設定した。

特別賞

ID 19　武庫川女子大学

河合　摩耶
KAWAI Maya

わたしのまちのリノベーション

Concept
・・

今まで私たちは、スクラップ・アンド・ビルドを繰り返して街を作り直してきた。
しかし、環境問題が進む中、このような取り組み方を続けていて良いのだろうか。
ここで私は街のリノベーションという考えを提案する。

Design Girls Championship 2012 NAGOYA

わたしのまちのリノベーション

今まで私たちはまちをつくるにあたって、スクラップ・アンド・ビルドを繰り返し、様々な建物を建ててまちづくりに取り組んできた。
しかし、世界的にも環境問題が深刻化しているこの時代に、これまでと同じように取り組んでいていいのだろうか。
これからは、まちづくりに取り組むとき、元あったものをつぶすことを考えるのではなく、もともとあるものに手を加えることで、もっと良い空間をつくることを考えることが大事なのではないだろうか。

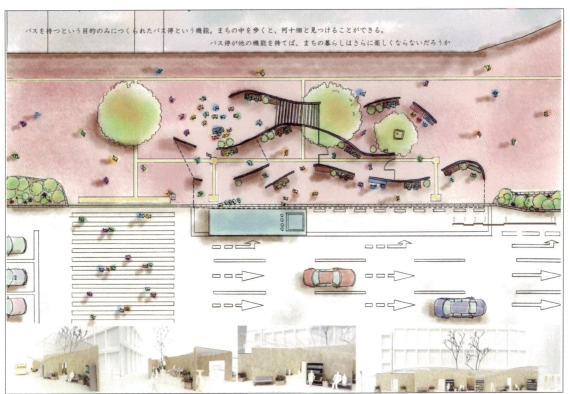

バスを待つという目的のみにつくられたバス停という機能。まちの中を歩くと、何十個と見つけることができる。
バス停が他の機能を持てば、まちの暮らしはさらに楽しくならないだろうか

1次審査＆2次審査

総応募数61点の中からデザイン女子No.1を決めるにあたり、3つの審査がおこなわれた。
1次審査では29作品を選出し、2次審査では更に7作品を選出した。

 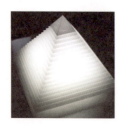  

1次審査

1次審査では全応募作品61点の中から、3月22日・23日に会場で展示する29作品を選出した。
1次審査委員8名は応募されてきたポートフォリオ(A3サイズ)を元に3点票10票と1点票10票の投票をおこなわれた。
投票終了後に集計結果をもとに、1次審査通過の29作品が選ばれた。

1次審査 ■投票集計結果　★=1次審査通過者

ID	伊藤	岩月	加藤	川端	橋本	藤田	道尾	村上	合計
★1	3	3	3		3	3	3	3	21
★2		1			1	1	1		4
3									
★4	1	3		1	3	1	1	3	13
★5	3			1	1	3		3	11
7									
★8	3	3	3		1	1	1		12
9			1						1
★10	3	3	3		1	3	3	3	19
11									
12									
★13				3	1		3		7
14									
★15		1	1	3	3	3	1	1	13
16								1	1
17									
★19	1	3	3		3		1	3	14
★20				1		1	1		3
21			1						1
★22		1	1	3		1	1	1	8
23									
25									
★27		1	3	1	3		3		18
28	3			1					1
★29	3	3	3	1	3		3		16
★30			3	1		3	1		8
31			1						1
★32		1		3	1	1		1	7
35									
★36	3	1			3	3		1	11
★37	1		1		1			3	6
38			1			1			2
39									
★40	3	3	3		3	3	1		16
★41		1		1	1			1	4
42				1					1
★43				3					3
★44		3	1	3		3		3	13
★45	1	1		1		1	3	3	10
46									
★47	1	3	3		3	1	3	3	17
★48	3	3			1	3		1	11
★49				3					3
★50				3					3

ID	伊藤	岩月	加藤	川端	橋本	藤田	道尾	村上	合計
51						1			1
★52	1		3	1		3	3	1	13
53									
56	1						1		2
★57	3			3					6
58									
★59	1	1	1						3
60						1			1
61									
3点票合計	30	30	30	27	30	27	27	27	228
1点票合計	8	9	10	10	10	10	10	10	77
投票総点数	38	39	40	37	40	37	37	37	305

2次審査

2012年3月23日 9:00～12:00

会場：サーウィンストンホテル3階 メゾン・ド・フルール

2次審査では1次審査通過29作品の中から、午後からのファイナルラウンドに向けての7作品を選出した。

出展者はポートフォリオ1冊（A3サイズ、枚数自由）、パネル1枚（A1サイズ縦）、制作物・模型を作品展示を兼ね、会場に展示した。

審査委員4名は9:00～12:00の間、会場を周り出展者1人ひとりから話を聞いた上で3点票4票と1点票4票の投票がおこなわれた。

各審査委員の投票終了後に集計結果をもとにファイナリスト7名を選出する議論がおこなわれた。

2次審査 ■投票集計結果　F＝ファイナリスト

ID	氏名	赤松	神谷	岩月	橋本	合計
F 1	近藤裕里	1	1	3		4
2	松岡舞					
F 4	木上奈都子			3	3	6
5	瀬賀未久					
F 8	須永千尋		3	1	1	5
F 10	鈴木さち	3		1		4
F 13	池田有衣	3	1			4
15	新谷真由					
F 19	河合摩耶	1		1	1	3
20	小栗梢					
22	前田千晶					
27	松岡祐実				1	1
29	神永侑子					
30	斎藤茉弥	1				1
32	西澤裕希					
36	小幡佳世					
37	高橋可奈子					
40	加納有芙子				3	3
41	東奈生子		3			3
43	浅井彩香					
44	松永彩					
45	光山茜					
F 47	後藤理奈	3	3	3	3	12
48	北川菜緒子		1			1
49	古賀春那					
50	河井彩香					
52	新川求美					
57	道場弘枝					
59	加古三恵					
3点票合計		9	9	9	9	36
1点票合計		3	3	3	3	12
投票総点数		12	12	12	12	48

Design Girls Championship 2012 NAGOYA

FINAL

FINAL PRESENTATION>Q&A>>FINAL DISCUSSION

2次審査を経て選ばれた多彩な7作品。
ファイナルではこれら7作品のプレゼンテーションから始まり、最終ディスカッションを経て2012年のデザイン女子No.1、No.2、No.3及び特別賞を決定した。

日時
2012年3月23日 13:30～17:00
審査委員長
赤松佳珠子 (ＣＡｔパートナー)
審査委員
神谷利徳 (神谷デザイン事務所)
岩月美穂 (studio velocity)
橋本雅好 (椙山女学園大学　准教授)
司会
橋本雅好 (椙山女学園大学　准教授)

デザイン女子 No.1 決定戦 2012 ファイナリスト

ID01	近藤裕里	芝浦工業大学	「まちのローカル」
ID04	木上奈都子	昭和女子大学	「三六五日の更新」
ID08	須永千尋	実践女子大学	「街の序章」
ID10	鈴木さち	東北大学	「産業の波間」
ID13	池田有衣	岐阜市立女子短期大学	「魔法のベジタブック - 子供の野菜嫌い改善のための体験学習ツール -」
ID19	河合摩耶	武庫川女子大学	「わたしのまちのリノベーション」
ID47	後藤理奈	慶応義塾大学	「夜神楽三十三番」

PRESENTER	
01 芝浦工業大学 **近藤 裕里** まちのローカル	

PRESENTATION

コンセプトは小学校の記憶。毎日の生活が驚きや発見に満ち溢れていた。学校の境界を飛び出して街を駆け回り街と1つになって遊んだ。近年小学生が事件に巻き込まれることが増え、学校は閉鎖的になってしまった。外で遊ぶ子供は減り、子供達は街を体験する機会を失っている。しかし街の中では学校では学べないことを沢山学ぶことができる。子供達の安全は学校を閉鎖的にするのではなく地域に開き、住民の生活と密接にすることで確保されるのではないだろうか。街に点在する特徴を生かし街と1つになるような小学校を提案する。

敷地は神奈川県横浜市亀住町。人口8千人程の小さな坂の港町。近年少子高齢化による人口減少、空き家・空き地の増加、無秩序なリゾート開発が進み、アイデンティティの損失が問題となっている。

ダイアグラムです。聞き込み調査、街歩きを重ねて地域の人だけが知る特徴や問題を調査する。発見した特徴を元に8つのエリアに分け、各エリアごとに分析をして発見した特徴を学校と結び付ける。

エリア1には荒れ果てた畑、高い擁壁、そびえ立つ石垣などがある。発見した特徴を分析し、建築設計のルールをつくる。荒れ果てた畑は誰でも利用できるように開放する。高い擁壁は壁を細分化して斜面に沿う形にする。木陰のたまり場、人が集まって気軽に遊べる場所を設ける。エリア1にはみんなの畑、海が見える丘、ランチルーム、眺望デッキを設計します。そびえ立つ擁壁を細分化して傾斜をつくりその傾斜の印象を壊さないように建築を地形に埋め込みます。

エリア2。木陰のたまり場、柿の木、自然のままの虫の森などがあり、分析により周辺の豊かな植生を生かして実験や観察ができるよう虫の森を設計する。

エリア3。眺望台の坂、港が見える場所、店先、学校、井戸端会議ができる場所などがある。分析により魚屋さんの近くに家庭科室を設け、日頃から干物やヒジキ作業を間近でみて学べるように計画する。また魚屋に集まる主婦が座って話せるような沿岸を設ける。

エリア4。そびえ立つ壁、グラウンド、記念碑の森、街1番の高台に小学校がある。分析により閉鎖的な印象を与える擁壁を崩して丘をつくり、グラウンドに入りやすくし、災害時に避難しやすいようにする。

エリア5。地獄の階段の斜面に沿う家、石ころの空き地、石垣の休憩所などがある。分析により地獄の階段を登った後に気軽に遊べる憩いの広場を設ける。また段差の多い地形を生かした図書スペースを設ける。図書室、憩いの広場を設計します。

エリア6。井戸端会議の場所、デザイン研究所、花に囲まれた斜面地、路地裏の展望台などがある。分析により人が集まる井戸端会議の場所にギャラリーを設け、小学生が作った作品を展示する。

エリア7。小学生が秘密の通学路として使っている道は小学校の廊下となるように設計する。秘密の通学路、斜面に沿う建築、遊べる大階段、木陰広場、眺めの良い場所がある。斜面に沿う建築。周りの住宅のボリュームに合うように設計する。遊べる大階段。空間を開け、座れる段差を内部空間に取り入れる。眺めの良い場所。眺めの良い高台から子供の様子が見渡せる。分析より、普通教室・管理室を設計します。

エリア8。展望台、井戸端会議の場所、散歩途中の休憩所、木登りの木々がある。分析により、幅広い世代の人々が自然と集まって利用できるパソコンルーム、陽だまりサロン、学童保育を設計する。

全体配置図です。多くの時間を過ごす普通教室と管理室はまとめて、理科室、家庭科室などの特別教室を街の中に点在させる。学校内だけで完結していた小学生の活動拠点は街中へと広がっていき、街で遊び学ぶことを忘れていた子供や大人達もこの建築を介して街の中で学ぶようになり、改めて亀住の良さに気付く。小学生と地域住民、両者にとって日々の生活が豊かになるような建築を目指して。

Q&A

赤松：土地の読み込み方が丁寧で良いと思い、楽しそうにやられているのが良いなあと思っていました。ただ今の模型に屋根がないので、屋根がかかったらどうなるのかなというのが少し気になりました。スライドで1枚ででてきましたよね。模型をみると一帯の建物になっていて屋根がかかってくると内部空間に段差があったり、吹き抜けで繋がっていたり面白いところはあるけれど、ちょっと窮屈な感じがしないかなと気になるのですよね。窓の開け方も風景が見えるということはあるのですが、例えば上の道を歩いていると一方がどうしても斜面地にあるので壁になってしまいますよね。その辺を階段状にして、繋がりをつくるとかそういう風なことがもう少しやれたのかなあと思いました。少し壁が多いなという印象があるのですが、いかがでしょうか？

近藤：設計ではもう少し壁を大きくしたり、壁のないサッシだけのような開口部のファサードもあったら良かったのかなと設計後にも少々思いました。周辺住居と馴染むような隣家と密接に関わっている建物なので、地域の人達から見える窓や縁側から見える場所もあれば、住居間に壁を立てざるを負えない場所でもあるので壁が多い印象になってしまうのかなというのはあります。

神谷：本来生活する子供にとってみれば、中の空間の開放性や他の教室との関係性は教育の場にとって重要なのではないかと思うのですがその辺はどのように考えていますか？

近藤：教室ゾーンだと低学年、中学年、高学年でまとまった形で配置しています。職員室に近い所に低学年や特殊学級を配置しています。学年ごとにまとめたのは、教室と教室の間の段差のスペースで総合学習などの授業をおこなえるような広めの場所を設けたいと思ったからです。配置としてはオープンな教室が主流になってきているので教室自体は閉じていても、その間の広場のような部を同時に設けることを意識しました。

PRESENTER

04 昭和女子大学
木上 奈都子
三六五日の更新

PRESENTATION

植木鉢という小さな敷地に埋められた種。その種は目を出して成長します。やがて敷地を越えてどこまでも進出していきます。

敷地は東京都神宮前。この敷地周辺は飲食店、アパレルショップ、サロンなど表通りに面する複合施設よりも小規模な商店が集積しています。流行に合わせて店舗が目まぐるしく更新します。新たな価値観がここから芽生えて広がっていき、役目を終えて朽ちていく様子はまるで植物の成長の様であると感じます。植物化するということ、土の成分や気候、採光、環境に合わせて成長する植物。同様に建築自体も環境に合わせ、利用する人によって使い方や時の流れに合わせ更新され続けることを提案します。気候の変化によって蔓植物は伸び方を変え、土の成分によってアジサイは花の色を変えます。都市に植物的要素を取り入れることで、その時その場所にあった空間が芽生えます。その都市の中で人々は流行を吸収し、都市へ養分を送る働きをしていきます。

形状と成り立ち。例えばルールの1つとして巻き付き型を提案します。巻き付き型は道路から曖昧な状態で敷地にテクスチャーを引き込みながら連続させていきます。例えば3つの店舗が並んでいる現存する建物はGL1200では離れた状態です。店舗があり、広場の部分が空き家になっていたり、店舗の入れ替えをしている部分です。GL3000の時点で徐々にくっ付いていきます。既存のものは残して住宅の部分はそのまま住宅になっています。GL4500で少しずつ巻き付いていきます。空き家がギャラリーや住宅、店舗になったりします。例えばほふく型の場合、時間の流れを感じさせるために、光を求めて地上に突き進むような感じで設計しています。それに合わせて時間軸を考えていきます。

1日の流れの例です。午前6時に少しずつ開き、8時に更にお店が開かれていきます。10時に開かれ、ものが置かれたり、そこに人が入っていきます。表通りの面しか開口部が開かれていない状態は表と裏の概念が強いのでそこを変えていきたいと考えています。例えばお店が十字路の部分にあれば入り方がそれぞれによって変わっていきます。壁が伸びた場合切り取られた空で季節を感じます。ふとした瞬間に時の流れを感じるものを提案します。植物化することによって伸び続ける1本の道に出会います。その先には未知なる世界が広がっているかもしれません。切り取られた風景に時の流れを感じるかもしれません。人々に合わせ建築も更新し続けます。365日休むことなく…終わりのない建築を提案しました。

デザインは1人の手によるものでなく、そこに住む人やその場を利用する人によって作り上げられるものだと感じます。
そのため利用する人だけではどうにもならないことを私がレシピの前の段階の調味料のような材料を与え、街の人と一緒に形成していくことを考えています。

Q&A

岩月：植物をテーマにしていることがすごく面白いと思いました。例えば植物が種から目を出すときに周辺の植物の生え方によってどういう風に植物が育っていくかっていうのがあると思うのですが、そのようなことを建築で何かできるのではないかと私も思っていまして、それに近いなと思いました。周辺環境によってどう左右されながら植物のように造形が出来上がっているのかが知りたいのですが。

木上：今あるものを残して、1つのルールで全部の道が繋がれば良いというものではなく、必要性の有無により繋げるべき場所を繋げています。あるものを生かしつつ、時には合わせて繋がっていくものを提案しています。開口部が開かれていけば利用者が増えたり、1つひとつの建物を実際あるものに合わせてその場所に今更新するべきではない場所を残していたりしています。例えば内部だけインテリアが変わって、外部はそのままという状態ですごく違和感がある部分があります。そのようなものを植物でも葉っぱが光に合わせて光に当たりたいと思って葉の広がり方が変わるのと同じで、開口部も同時に同じ店が同時に開かれたら目立つものと目立たないものが出てきてしまうので、そういう部分は開かれ方を変えて利用者の道を変えたりしています。植物の形状というよりは要素を取り入れています。

赤松：巻き付き型やほふく型とか、あとは何がありますか？

木上：短軸や分岐型などがあります。いろいろ主根と側根みたいな感じで根っこの部分を抽出したものだとかがあります。

赤松：それはいろいろタイプがあって、これはここに適応しようというのは何によって決まるのですか？

木上：例えば横に広がれないものとか隣に突き破れなさそうなものは上に成長していく直立型というものがありまして、実際直立していくもので伸びていったりします。中に人が住んでいてプライベートでいじらないでほしいというものがあったら、屋根で伸びて路地になっていきます。実際ある植物的要素の部分を実際にあったものに入れていって、巻き付き型はただ巻き付けば良いというのではなく、浸食していくものだったりします。

PRESENTER	
08	実践女子大学 **須永　千尋** 街の序幕 

PRESENTATION

街の発展を1つの舞台に例える。
序幕、第一幕、第二幕、第三幕、終わりのない舞台。
私が計画したのはその始まり。街の序幕である。
私が生まれ育った郊外の街。商店街は廃れ、百貨店は撤退し、次第に人々が他の街へ流出していく。危機を感じた、街づくり部の役員達は急いで新しいお店を誘致する、巨大なアパレルショップ、大きな電気屋さん、外国から来たカフェ、商業で廃れた街を商業で再生しようとする。お店の話題性、ブランド性の価値で再生しようとする。そんな街づくりに私は疑問を持ちました。
それは本当に街の再生になるのだろうか？この街自体の価値とは何だろうか？
街づくりの登場人物、まずこの街の魅力と思えるものを思い浮かべてみます。町内会が残っていたり、お祭りが盛んであったり、週末に大学生によるアートイベントがおこなわれたり、地元の人で成り立っている街と言えます。街の人々こそが街づくりの主役となっていくべきだと思います。
舞台設定。周辺の路地や駅の位置を元に人の交通の量を調べます。直線の道と放射線状の道が交わるところに人が集積することがわかります。ここを計画の対象地にします。
序幕。空間の作り方。折り曲げた板があります。間には空間が生まれ、角度によって開放的空間と閉鎖的空間が生まれます。
板の大きさは3間を最小単位とした3種類に設定しました。
この板を周辺の動線を元に配置します。周囲の路地となじみ、通り道として使えます。配置した板は人が存在する空間となり、空間に縦の境界線を引きます。巡回するスロープを設定することで植物が生まれ、空間に横の境界を生みます。それらが合わさると空間に縦と横の境界を生みます。
平面図です。巡回するスロープが上下空間をつなぎます。周辺の建物とスケールを合わせました。高さを抑え、板の大きさを3間の大きさと周りの建物の大きさに近づけています。
第一幕からは街の人々でつくっていくことを期待します。
人々はつくられた空間に誘導されながら空間の機能をつくりだしていく。つくられた序幕に誘導されながら街の物語をつくり上げていく。
序幕で、できた建物に機能はない。第一幕から利用する人々によって機能が生まれ、機能が定着していく。街の人々はつくられた空間に誘導されながら自由な空間で自由に行動します。居場所を求めのんびり過ごす人もいれば、通勤通学として抜け道として通るだけの人もいます。お茶をする人が多い場所にはカフェをつくろうかと考えたり、壁の裏表、床の高さ、その違いで別の空間が存在します。人それぞれ自分の居場所が見つけられます、そして定着された機能は街の発展要素となります。機能のない建物はたくさんの機能を持ちます。街の人々によって発展していく街。序幕から始まった街の物語は今後どんな展開になるのだろうか。
制作途中で悩んだのがこれは建築になるのだろうかという問題です。街の人々でつくっていくのなら、私の存在が無くても最初だけあれば後はいらないのではないか？と思うのですが、それでもこの提案をしたのは、街の再開発には人々の手が必要なので、建築家がやれるのは最初のところだけかもしれないという提案をさせていただきました。以上です。

Q&A

岩月：周辺の人達があの立体的な道にどういう感じでスペースをつくっていくのかというイメージが余り無かったので、そういうのは想像しないと立体的な道をつくっていくのは難しいと思うのですが。こういった想像でこういう風になっていったら良いなとか考えたりしていますか？
須永：模型自体は序幕から離れて第一幕に入ったくらいの模型になっているので、その模型にある人の感じは想像したイメージになっています。
岩月：具体的にはこういうスペースができたりとかは？
須永：例えば通りに面した所はイベントがおこなわれるので、ちょっとしたステージになるような板の配置にしてあったりします。室内だったらカフェなどを開いたりなど、ここは角度が付いていて動線を考えるとあまり人が通らないと思うのですね。角度が付いているということで開きながらもこっそりした会議に使えるかなとか、駅に面していて目立つ場所は自由参加のレクチャーをやっていて遠くから見た人が何かやっていると思って参加できるとか、そんな風に考えています。
橋本：ルールが開口を入れちゃうとか、つくっていくうちに面白い所を見つけちゃって"ここ壁ない方が良いよね"みたいな感じがある所が勿体無いと思いました。穴を開けるルールもしっかり作っていくべきなのではないかな？ルールの中でちゃんと面白い所もできているけども、もっと面白くするために抜いちゃおうみたいな所がコンセプトと弱くなっているように感じるかな。良い所をつくろうとしているのだけどルールとのギャップがあるのが気になります。場所のイメージは入ってきて場面がつくっているのがあるけど、その辺は自由なの？
須永：壁の最初の並べ方が1階の面でのロジックとしての動線を考えたので、2階にその通路を繋げるとどうしても邪魔になる部分も出てきてしまって…それで開き始めてこうなりました。

PRESENTER

10 東北大学
鈴木　さち

産業の波間

PRESENTATION

東日本大震災で被災した宮城県石巻市の水産加工団地。ここに水産加工工場を中心とした海のきらめきや空の移ろいを感じられるような、何度でも訪れたくなる複合工場を設計します。石巻市には日本有数の生産加工団地があります。ここは津波で大きなダメージを受けました。この場所の復興のためにはインフラ整備などの色々な問題がありますが、私は中でも周囲との繋がりの希薄という問題に注目しました。加工団地の人々は"何かを協力する"ということが無かったため、復興への出だしが遅れてしまいました。街の人は街の中心部、加工団地の人は加工団地だけというように復興への思いが二方向に分かれてしまっている点が課題だと感じました。市内の主要産業であるにも関わらず、今まで街と加工団地とのつながりが無かったためなのではないのかと考えました。そこで親しいつながりを意味する"よしみ"という言葉を使い、3つのよしみコンセプトに繋がりを生むメガファクトリーを設計しました。1つ目は産業のよしみです。産業のための3つの機能を組み合わせることで常に新しい商品を提供する工場をつくります。2つ目は市民とのよしみです。地元で生産しているのに地元で買えないといったことを見直し開かれた工場にします。3つ目は街とのよしみです。周囲の自然と断絶した風景を作り出していた加工団地を見直しより自然を感じる場所に転換します。

ダイアグラムです。生産機能と一般事務系のサービスの両方の機能を持ったメガファクトリーで、生産者と市民をつなげます。ここでは産業は市民に愛され、より自然を感じる場所への転換を図ります。

1つ目の産業のよしみについてです。加工団地内にはいろいろな機能が集約しています。昨年12月の時点で再開している建物は2割程という状況です。私は調査を進め、加工団地の歴史を見るうちに生産加工場と機械工場が繋がりを持っていることを発見しました。ここは大工場が立地していたため、パルプを練る機械をつくる技術が発達しました。それがかまぼこなどの練り物を練るのにも使えたため、加工団地が発展したという歴史があります。その繋がりを再び利用します。元々団地にバラバラに存在していた水産加工所、機械工場、研究所を組み合わせてメガファクトリーをつくります。ここではニーズを分析し、それに合わせて機械を改良し、新しい生産品をつくりだすという一連の流れをおこないます。加工団地は震災を機に事業を辞める人も多く、これから密度も小さくなるため集約させて連携を強めます。

2つ目は市民とのよしみです。今まで市民との繋がりが無かったことの原因として、商品が地元をスルーして首都圏で売られているという現状がありました。市場も関係者以外入れず、工場も閉ざされており商品を買うこともできないという状況でした。そこで市民が地元でつくられたものを食べられ、意見をフィードバックできる場をつくります。予定工場の2階には直売所やレストランを設けます。2階の回路部分を歩くと商品を買ったり、食べたり、生産工程を見学できたり、屋根の上に出たりすることもできます。食事を目的に来た人も生産、市民の場、自然をダイナミックに行き来する場となっています。

3番目は街とのよしみです。石巻市は豊かな自然に囲まれています。しかし加工団地が風景を途切れさせています。そこで屋根の形状は周囲に見える半島の形、団地の奥にある山、海のさざ波と呼応するような形としました。屋根の形は外部の工場の風景を遮ったり、内部の空気の流れをつくるような機能を持ちます。屋根は膜でできており、周囲の風景を映し出します。

3つのよしみを実現することで、街と市民と工場との関係ができます。産業と親しく繋がることで地元の持続的発展を目指します。工場団地によって隠されていた自然の風景を取り戻します。

Q&A

岩月：ここの街の繋がりが希薄だったので復興が遅れたということがあったと思うのですが、その繋がりはここだけでメガファクトリーとして完成させるよりはもう少し分散した形で町に浸透していきながら繋がりをつくっていく方法もあったのではないか？と感じたりもしたのですが、その辺はどういう風に考えていますか？

鈴木：私がこの場所にこだわった理由は、大企業でしたら山の中や街の中などどこにでも工場が作れるのですが、地元の製品や獲れた魚を使って独自の製品を生み出している中小企業にとって海辺を離れることができない現状がありまして、そのため海辺から市民が来るというようなアプローチができたらいいなと思ってここに計画しました。

橋本：気になるのは壁の高さ方向とかを決めている要因です。聞いたとは思うのですがもう一度何故これにしたのかを教えてください。

鈴木：まず外側に対しては、既存の工場が再開していて大工場なので動くことは無いだろうというのと、それに対して見えないようにというので端の高さは上げています。内側に対しては2次加工所の上は蒸気が出るので、廃棄や廃熱のためにシュッと上った形にして、集めて廃棄したりするという点で決めています。あとは内部空間2階とのバランスで2階の部分のある所の下というのは天井裏のような空間になっているのでそのバランスで決めました。

橋本：図面でいくと右側は工場で左側は？

鈴木：どっちも工場です。

橋本：こっちから向こうの奥に向けて山と海がある感じですか？海と山ってどっちにありますか？

鈴木：これでいうと両方が工場で後ろに山手、前に海です。

橋本：海側のファサードはどうなっているの？

鈴木：海側のファサードがこれなのですが、高さ方向はこの冷凍庫の高さによって決めています。

PRESENTER 13

岐阜市立女子短期大学
池田　有衣

魔法のベジタブック
—子供の野菜嫌い改善のための体験学習ツール—

PRESENTATION

近年、ファーストフードや加工食品が普及する中で子供がそれらを好んで食べるあまりに味を覚えてしまい、野菜をあまり食べなくなる傾向がみられます。その結果、苦みや酸味のある野菜から遠ざかってしまいます。これが野菜嫌いの子供を増加させる1つの原因となっています。このような現状の中で野菜嫌いの子供に少しでも野菜を食べてもらいたいと思い本制作に取り組みました。

私は野菜嫌いの克服には野菜に興味や愛着を持つ必要性があり、手法として野菜を育てる体験が有効だと考えました。そのためには栽培環境と栽培知識が必要です。そこで野菜作り体験キットと野菜の情報を楽しく学べるツールを統合した魔法のベジタブックを考えました。

野菜を知り、育て、食べるという流れを通して野菜嫌いの改善のきっかけにしてもらえるようにしました。

セット一式についてです。ケース、本体、観察日記、取扱の説明が書かれた封筒、シール、リングなどが付いています。野菜によって附属されているものが違い、封筒の中に入っています。

本プロダクトについてです。コンテンツは遊びや楽しさの提供を重視した子供用コンテンツと野菜栽培にあたっての実用的情報の提供を重視した大人用コンテンツの2つに大きく分けられます。この2種類のコンテンツを1つのプロダクトとしてまとめるアイデアとして、両面印刷と折りの特性を活用しています。蛇腹状になっている両面に大人用コンテンツと子供用コンテンツを印刷します。折り畳んだ際にページの左右に2か所ずつ穴が開いています。そこに付属のリングをはめて本の形状として読むことができます。左右どちらかのリングにはめることで開き方向が変化して読めるコンテンツが子供用コンテンツ大人用コンテンツと変化します。

5種類の野菜について制作しました。野菜を選定するうえで子供の嫌いな野菜について、文献・インターネットから情報を収集しました。その結果から上位のピーマン、トマト、茄子、人参、ネギの5種類を設定しました。

コンテンツの内容についてです。子供用コンテンツを考える際は子供に飽きずに楽しみながら野菜を知りたい、育てたい、食べたいと思ってもらえるように心掛けました。パッケージのナビゲーターとして野菜のキャラクターが野菜の解説を担当しています。魔法の力で野菜嫌いを克服する魔法使いという設定でキャラクターのデザインを決定しています。野菜ごとに性格が異なり、表情やしぐさで個性を出しています。コンテンツには遊びの要素を多く盛り込みました。パズルは裏に野菜の情報が書かれていて、遊びながら学べるようになっています。種はプレゼントボックスに入っています。これは"キャラクターからのプレゼント"という設定で開ける楽しみを味わってもらおうという思いで制作しました。アトラクションの要素はそれぞれの野菜で異なっています。茄子は間違え探し、人参は迷路、ピーマンは塗り絵、トマトは福笑い、ネギは着せ替えなど子供がより楽しんでくれるような工夫をしました。また栽培方法を学習した後それを確認するクイズもあります。

大人用コンテンツには実用的な情報を重視しています。大人でも野菜の情報を詳しく知らなかったり、栽培経験が無かったりします。子供と共に体験していくうえで子供に的確に教えられるようなコンテンツを考えました。コンテンツは野菜の情報解説、育て方、レシピの3部構成になっています。野菜の情報解説ページには野菜の栄養成分の品種、特徴などを記載しています。栽培方法に関するページでは文章だけではなく図やイラストレーションなどを加えて栽培経験が少ない人でもわかりやすく理解できるよう工夫しました。レシピのページでは育てた野菜を調理する際の参考にしてもらうことを想定しています。

Q&A

岩月：実際にこの本を見て、すごく大人から子供まで楽しめるようにわかり易く書いているなと思いました。種が仕掛けで入っていたりするのも面白くて実際にこれを見ながら育ててみたいなとか、こういう種類の人参とかがこんなに沢山あるのかとか、すごく分析されているなと思いました。例えばこの本をどういった空間や機能、スペースに置きたいとかそういうものがもしあったら教えてください。

池田：対象年齢が幼稚園から小学校低学年くらいなので小学校の図書館とか幼稚園に置いてもらったりするとより楽しんでもらえると思います。また、それを貸出してもらうことで家に持ち帰って親御さんも一緒に読んでもらえるようにしたいです。

橋本：自分でつくっていて楽しいというのが伝わってくるし、すごく良いなと思いました。あと、ちょっと質問なのですが、蛇腹の方式と大きさの質問をしたのだけど、この大きさに決めた理由というのがもう少しありますか？結構プロダクトって大きさが重要だったりするのですけど。

池田：これはA5サイズなのですけど、先程言いましたように、穴がどうしても開くので横に大きくなってしまいます。その時に親が読み聞かせをするのですが、開いた時子供も見やすい大きさ、手に持ちやすい大きさを検討した結果です。

橋本：結果、リング無くても見られるのではないかと思った。リングが無いやつ見てもばらばらってならないし、これがあると蛇腹にならないというのがあって、無くても良かったのではないかと思いました。でも完成度が高くてうちの子にも欲しいなと思いました。

神谷：イラストとかスケッチって自分で書いたの？誰かに頼んだとか？

池田：自分です。

PRESENTER

19 武庫川女子大学
河合　摩耶

わたしのまちのリノベーション

PRESENTATION

今まで私達はまちをつくるにあたって、スクラップアンドビルドを繰り返し様々な建物を取り壊して建てるような形でまちづくりに取り組んできました。しかし、世界的にも環境問題が深刻になっている今、これまでと同じように取り組んでも良いのでしょうか？

これからまちづくりに取り組む際に、元あったものを潰すことを考えるのではなく、既存のものに手を加えることでもっと良い空間になるように考えることが大切ではないでしょうか？

今まで使われてなかったところ、見向きされなかったところ、まちの中に以前からあったところで少し手を加えれば良くなるであろう所を見つけて新しく、明るいまちにしようという考えで今回の計画をしました。どんな空間があって、どのようなものがあれば、まちの人達は楽しく暮らせるのでしょうか？

まちを歩く人達、1人ひとりの顔を見ながら自分なりに考えて54の案を考えた。まちを歩き回って考える。人が明るく、楽しく暮らせるように。

54の案の中から、実際にできるのか？人々は楽しく暮らしてくれるのか？を丁寧に考え直し、7つの案を抽出しました。

アーケード街。商店街の建物と建物の間にある道の幅10mの間に2mの休憩場所をつくった案です。アーケード街はショッピングを楽しむ人達で溢れています。しかし現状は疲れた時に少し腰を下ろすところがあまりありません。アーケード街に新しい休憩所を設けてみるのはどうでしょうか？

高架下。高架下の既存の道は横方向のみで、虫歯のように空き店舗が並んでいました。ここにもう一度、活気を取り戻すことはできないでしょうか？空き店舗を繋げるような壁を導入します。その壁と壁の間にできた空間に休憩スペースを設けます。高架下に新しいアートを取り込んだ道をつくります。

屋上についてです。まちを歩きながら人々を観察すると、皆が空を見上げていないことに気がつきます。使われなくなってしまった屋上看板のフレームを少し補強して大きな植木鉢をつくります。これは人が思わず空を見上げてしまうような装置になります。機械置き場となってしまった屋上は、いわばエネルギーの溜まり場です。このエネルギーを使って新しく人々が暮らせる空間を屋上につくります。屋上でエネルギー源を最大限に生かして、空に最も近い空間に生活の空間を用意します。

バス停についてです。既存のバス停は歩道と完全に断ち切られた存在でした。ここに曲線の壁を置くことで歩道の人々を取り込み、バスを待つだけの空間ではないものをつくります。

ターミナルについてです。ターミナルの駅前に花壇があったのですが、人々がそこに溜まるようなことはありませんでした。この花壇を使ってここにベンチをつくります。人々が駅のロッカーを探すことがないようにロッカーをつけることで新しい空間をつくります。

地下についてです。地下は圧迫した暗い空間でした。そこに光を取り組むようなことができないでしょうか？

まちの中をいきなり開けてしまうのではなく、まちの中のデッドスペースである中央分離帯に穴を開けて機械を差し込むようなことはできないでしょうか？

電柱についてです。電柱は今まで汚くて歩行の邪魔になるようなイメージがありました。しかしこの1本1本に風力発電のできる風車をつけることによって電柱が少しでも可愛らしいものに見えてこないでしょうか？

私が作った模型は7つありますが、その全ては色々なデザインがされています。まちによって違うデザインがされても良いと思います。"リノベーション"という考え方を提案しました。

Q&A

岩月：中央分離帯の地下のやつがあるのですが、あれがどういう風に地下になっていてどういう風に街と繋がって行くのかな？というのが疑問に思ったのですが。

河合：空間に日光が差し込んできたらもっと良い空間になるのではないかと考えていたのですが、まちにいきなり穴を開けてしまうことはできないので、中央分離帯という町の中でもデットスペースのような所に開けたら良いのではないかという考え方です。

神谷：もう少し神戸らしさや三宮らしさというものもあった方が良いのではないかな。それが歴史的切り口なのか、未来的切り口なのかというのは色々解釈があると思いますが、そこら辺の部分はどのように考えられていますか？

河合：色んなまちに対してもリノベーションという考え方はできるのではないかということを考えながらまちを歩いていました。まちによってデザインも変えていったら良いなと思っています。三宮をずっと考えてやってきたことであり、自分でも毎日歩いてきた道なので、その中でデザインしたものは三宮のまちに繋がるのではないかという風に考えています。

赤松：7つを取り出していますけど、それぞれの場所ごとになっちゃっているので広範囲になってしまうかもしれないですが、ある程度1つのものに集約していくとそれでまちがどういう風に変わっていくのかという風景を少し見てみたいなというのもあります。上はこう変わって、脚元はこう変わってという1つひとつが小さな変化かもしれないですが、それが集積してくることでこんなに変わるのだよということを何処かで全部示して見ようとは思わなかったですか？

河合：全部を繋げてスーパー画面みたいに見せることも考えたのですが、あまりにも広範囲になってしまって表わすことができなかったのですが、地図上ではどこにあるというのを把握して繋がったらどうなるのかと自分でも見てみたい気はします。バス停も何箇所もあって全部あの様な計画になったら面白いなと思ったのですが。

PRESENTER

47 慶応義塾大学
後藤　理奈

夜神楽三十三番

PRESENTATION

私のオリジン探し。建築を通して地元を振り返る。そこには出会いの場がある。村の人、文化、温かさに出会う。

光と影と風景が作る舞台が展開される。日常を閉じ込めた非日常の世界。それが夜神楽である。

1. 宮崎県高千穂町秋元村。高千穂の観光化から免れた秘境の地。噴火によってできた巨大な山々に囲まれる。古くから神話が受け継がれ、ここが神話の発祥の地である。1つの秋元川は豊作をもたらし、合流地点では人々が出会い、田、畑、集落、さまざまな風景が合流する。その合流地点では年に1度、11月の紅葉が深まる頃に豊作を祝う祭りがおこなわれる。

夜神楽三十三番と言い、夕方から翌日朝にかけておこなわれる。私は夜神楽を体験して時と共に変化する光と風景の中で人々と神様を導く33の舞台をつくりたいと考えた。

提案です。私は合流地点にあらゆるものを巻き込むような渦の形の舞台を提案する。畳が渦の形となり、動線となる。人々の動線、自然が分かれていく。それは舞台のシークエンスをつくっていく。柱間と柱の角度をつけることで光が見える動線、風景が見える動線の2つで舞台を構成していく。33の舞台は渦の中の内から外へ、外から内への2往復して光と影の舞台を展開する。

平面です。夜神楽は日常と非日常を合わせた不思議な舞台である。この渦は中心に導いていき、そして渦のどこに居ても中心を感じる。食事の準備をしている最中におこなわれる神楽では、神楽の準備をする女性がいて男性が舞をおこないます。温泉を背景にした神楽の舞台の奥は秋元村の巨大な山々を映し出しています。

外に展開されます。真っ暗な中で川の音だけ聞こえる。そこで9番目の神楽がおこなわれます。1番から9番までの神楽は夕方の赤い光が差し込み、そこから夜の真っ暗な闇へとその影を柱に移して展開されていきます。10番から17番は段々畑の黒いエッジ、手前にある木々の紅葉、ススキ、といった外の風景が少しずつ舞台を表現していきます。

18番から25番では朝日が少しずつ差し込み光の量が増えていきます。紅葉した大きな山々の絵を背景に舞台がおこなわれます。最後の26番から33番では秋元村の紅葉の美しい背景、木々の赤さ、金色に光る段々畑、他所から来る人々の谷合の風景。

私達に見せる風景は360°この村の良さを伝えていきます。

Q&A

神谷：過去の慣例の中では別の場所で、夜神楽で一軒一軒家を回る形で歴史として今でも引き継がれているわけですよね？
その中であえてこの夜神楽所をつくっちゃうと、元々あった本来ですと一軒一軒家を回る夜神楽というお祭りは例えばどうなっちゃうのだろう？あるいはそれもあって、これはこれということなのだろうか？

後藤：私が考えているのは街の人達は神楽の文化が少しずつ薄れてきていて、でも家を一軒一軒回ることが文化だから仕方ないと今もずっと進めているのだけど、もしこれで村の大切な風景を見せるような愛着のある建物ができたならば、私は神楽の文化として家を回るというのが無くなったとしても神楽という文化は残るのではないかと思います。村の人は誇りに思って、建物も誇りに思うのではないかと。私はそれを実際に村の人に話したのですけど、村の人はもしかしたらありなのかもしれない、という風に話していました。

神谷：もう1回そういう風に投げかけてみたのですね。

後藤：はい。

神谷：そしたらこのような場所があったらひょっとすると、33の場所が1つでも欠けるとできなくなってしまうようなお祭りであればここに集約してもいいのではないか？という意見もあったというわけですね。ありがとうございました。

赤松：これは基本的には全部外部の想定ですか？部分的に屋根が架かって、あとはルーバー的な骨組みが見えていたりするのですけど。

後藤：屋根は全て架かります。

赤松：これは模型上の見せる表現として、部分的に架かっているという状況ですね。
ただ壁面というか、ガラス面みたいなものは入るのですか？
それとも横方向は柱があって外部に繋がっているのですか？

後藤：外回りは壁とガラスが入っています。そして内回りは柱だけです。夜神楽という文化も障子を全部取り払います。それは色んな神様が集まるというイメージの元やっています。

赤松：この渦巻のイメージというのは川とか道との工程に何か集まってくるというイメージで、神様も人も色んな渦を巻いてここに集まってくるというそういうイメージですか？

後藤：はい、そうです。この渦が色んな物を巻き込むということと、この神楽では神様を神社からお面として連れて来るのですが、そこで渦というのが人々が生活する1日以外で生活している場所以外に誘うというか、自分達の日常の世界に招くというイメージです。

赤松：屋根の高さの設定は、1番端は山に向かった感じで結構高くなっていると思うのですが、それ以外はだんだん低くなっていますよね？そういうものはどういった意味でどういった空間の感覚でやられているのですか？

後藤：低くなっている部分は人々の生活感、日常の風景をイメージさせる、体験させる、そして中央で神楽が行われた時にそこに視線を向けさせるようになっています。高くなる時にはもっと視線が色んな所にいくというか、最後の高くなる部分はヒューマンスケールを越えた恐怖の様なものを感じるという感覚です。

Design Girls Championship 2012 NAGOYA

FINAL DISCUSSION

橋本（司会）：それではディスカッションの方に入りたいと思います。デザイン女子No.1を決定する最終投票に向けて全体を聞いてみた中で、もう一度確認したりする時間を出展者の皆さんと話し合いながらやっていきたいと思います。まずは、お1人ずつ気になることとか、もう一度ここを確認したいとか、そういったところからいきたいと思います。では赤松さんからいかがですか？

赤松：全員に一言ずつ自分の1番の売りはこれなのというセールスポイントを言ってもらいたいと思います。

橋本：わかりました。発表順で近藤さんからお願いします。

近藤：地域の特徴を最大限に生かして設計するというのが一番のやりたかったことです。

木上：人が成長したりここで暮らしたりする上で建築に完成はないと思っているので、更新し続けるべきだということを1番推したいです。

須永：私は、今ある街づくりへの反抗です。

赤松：おお（笑）

鈴木：私は作品に込めた思いです。ここに何度も通ううちに街の人が大好きになってしまった思いです。

池田：親子で楽しんでもらうというところを1番見て頂きたいです。

河合：私は三宮の町に対する愛です。

赤松：ほほほほ…なるほど。

後藤：私はこの建物の形の渦のインパクトです。

橋本：ありがとうございます。
発表のところで勝手に木上さんの作品を建築とは思わなくて良いと言いましたが、それに対しては何かありますか？

木上：建築という一区切りにしたくはないのですが…。建築を置いたからといってここの場所が良くなるとは思っていないです。コスト、構造とかリアリティーはないかもしれませんが、自分のなかで可能性のあるものをつくることによって、人々のこれはないだろうとかあるだろうとかいう言葉からできていくと思っています。私が提案したことによってその周りの人々が議論することによって繋がりも生まれると思うのです。また自分が提案している以上のものをここに住む人達が、もっとこうしたらこうゆう風に繋がるのではないかという風に議論していくことで、街をつくっていけたらと考えています。

橋本：その辺は、アイデアの1つの特徴だと思うので良いかなと思います。他にいかがですか？

岩月：鈴木さんにお聞きしたいことがあります。すごく練られていた案だと思うのですが、メガファクトリーというのは、建築としては大きいものになってくるのかなと思いました。あまりにも巨大なものができてしまうと、そこで全部が完結しちゃって都市に対する分散や広がりは本当に生まれてくるのであろうか？と思いました。ここから発して復興が広がっていくようなものは何か考えていますか？

鈴木：私の今回の提案は水産加工団地に対してだったのですが、実は夏にワークショップで石巻の建築やこれからの未来について考えていたので、そのときに石巻のポイントで色々な提案を考えました。それとネットワークとしてつながる形として水産加工団地の場所には何も提案が無かったというのが気になっていたので…昔あった提案と繋がっていければという風には考えています。

岩月：ここから発展や繋がりも考えているのですね。

橋本：他にいかがですか？

赤松：木上さんの365日の更新ですね。植物のように成長していくというのはわかりますが、既存のものに対して開口を後から自由に開けているような状態ですよね？

木上：開口が必要とする場所であれば開けていますが、屋根しかいじらないものと開口しかいじらないものとで、場所によっていじっている部分は変わっていきます。

赤松：ある程度からは街の人に委ねると言った時にコントロールする、しないという境界をどうゆう風に…？植物は枯れてしまうかもしれないという意味で言うと、全然思っていなかったようなガチャガチャになっていく可能性というのも逆にあるわけですよね？

木上：はい。

赤松：何が起こってもそれはそこの街なのだから良しとするというスタンスなのですか？

木上：そうですね。ただそうならないように、ちょっとした調味料程度で材料を与えるという感じです。

赤松：その辺が実は微妙だなあと思っていて、建築というのは建築家がつくったものが完成でなくて、使い始めて人が入り始めてから建築の時間が流れ始めるということだと思うので、全てをコントロールするべきだという風なスタンスには、私は立つつもりにないのだけども…。さじ加減というか…。だけど木上さんがつくっているベースの雰囲気が、植物が螺旋で絡みついたりとか垂直に伸びていったりというものの魅力というのはやっぱりあると思う。この先どうゆう風にもなっていきますよ、という語り方で良いのか？ということが少し疑問に思っているところですね。

木上：どうなっていくかはその街の人やそこに関わる人の影響が大きいのですが、ただここからはあなた達でやって、ではなくて少しでも関わりながら、でもその1人によってではなくて、色んな人達によってデザインしていって欲しい。

赤松：街づくり的なところで自分が入ってやっていく、そうゆうスタンスなのかな？

木上：そうです。ここから広がっていって欲しいという最初の部分というか。

赤松：はい。わかりました。ありがとう。

橋本：同じことが言えそうなのが須永さんの案なのですが、"建築にどこまで提案者が関わるのか？一生関わるものなのか？" そうゆう提案なのか、"これはもう1つの建築作品としてこうつくりました、街の人使ってください" ということなのか、その辺はどうですか？

須永：私がつくるのは形までで、街の人の行動は私がつくった形に絡みながら行為がおこなわれていくと思うので、決めちゃうのが良くないというのが提案です。例えば街を発展させるために駅前に図書館をつくりますといった決めちゃう作り方じゃないというのが、私の作品の1番大事なところです。機能を持たせないで、形は行動を想像しながらつくったというところまでが私の作品になっています。

橋本：ごちゃごちゃと色んなことが起きていってもそれは構わないというところなのですか？

須永：そうですね。この壁だとか床を基準にできていくと思います。全然関係なく生まれてくる訳じゃないので、広い範囲で私の設計に入っていくのだと考えます。

赤松：行動とかそういったものを想定しながらこの壁を建てて床をつくったとはいっても、結構色んな要素が入り込んでいますよね？壁と壁にしても色んな高さがあったりとか、階段があったり、スロープがあったりだとか…それを決めている根拠というのはどこからきているのですか？

須永：動線と街への開き方です。自分が住んでいる中でこの辺を開けると人がいっぱい通るだろうとか、ここはあまり人が通らないであろうからちょっと縮まった場所にしようだとか、そういう感覚的なものが大きいと思います。

赤松：機能を想定しないで場をつくりたいと言ったときに、その場所のつくり方はこの狭さ・広さでいいのかというのは感覚的にという以上のものというのは？その周辺の関係とか状況が読めないので、これを他のところにもっていっても成立するのではないかと思ってしまうんだよね。だからここの場所にあるからこそ、こうなのだっていう・・・。やっぱりなんとなくパラパラと置きましたというだけでは、説得力がないのでもう少し周辺との関係というのを説明できますか？

須永：他の場所にもっていったら、またその場所での動線に基づいて、壁を配置していくので違った形になると思います。屋根の高さや開きの間隔は全部仕切らないことで空間に縦にも横にも緩く境界を引いたようなコンセプトでつくっていきました。

赤松：わかりました。

岩月：須永さんに聞きたいです。こうゆうスロープのような立体的な道をつくった時に、壁を柔らかく仕切るとかあったと思うのですが、壁は構造にも関わってきているのですか？

須永：計算だとか深くはわからないのですが、壁が壁構造みたいになっていて、それに基づいてスロープにあまり無理がないようにやっています。

岩月：構造なのだけど間仕切りにもなっていたりしているので、その辺のバランスや透明感はすごく良いかなあと思っていたのですけども。

須永：ありがとうございます。

橋本：他にいかがですか？

神谷：これはデザイン女子ということなので女性ならではというか、男にはわからないよねとかそういうこととか一言あればお願いします。又はそういうこととかは全然関係なくとか、そういうのがあれ

ばちょっと聞きたいなあと。
橋本：では反対からいきましょうか。後藤さんから。

後藤：私はこの大きな模型をつくるにあたって自分の女性らしさを表現しようと思いました。それは白いところがなくてカラフルで、もしかするとこの紅葉には嘘があるのではないかというくらい赤くて、でもそこにこの模型の良さが出ていると思います。

河合：女性目線で考えた案というのが商店街の例なのですけども、街でショッピングをしていて買い物で手提げ袋が増えてきたり、ヒールを履いていてすごく痛いのに全然休憩場所がないなぁというのはずっと思っていたことです。今回の計画でそういう視点を入れたことが、女性からしたら良い街づくりになったのではないかなと思っています。

池田：あまり男女とかは関係ないのかもしれませんが、結構細かいところもつくっていて、キャラクターやデザインだとか。自分らしい個性みたいなものが出ていると思います。

鈴木：私の案では細やかな視点だと考えています。復興の案が沢山ある中で私の作品の違う点は、1つひとつのディテールを拾ってつくっていること。その街に何度も行ってすごく良いポイントだとかを見つけ、それを織り込んでいくディテールが大切だと思いました。

須永：私は女子大の生活環境学科というところで建築をやっていて、その意味みたいなものをずっと考えていました。建築はハードな面とソフトな面があって私の学科は使う人目線で建築を考えていこうというものになっています。今回この女子が集まった中でそれを出せたと思っています。

木上：私は女性だからということではないのですが、この道は使い勝手が悪そうだなだとか、ここにもし私が住んでいたらとか、利用する人目線で常に考えています。模型をつくっていく上でも時間が経過していくということで、その模型の中に使われているもの自体も研究室の紅茶の箱だったり、どこかに落ちているボタンを使ったりだとか、模型自体もただ見せるものではなくて1つひとつ思いがあるものを中に使っていきました。

近藤：私は女性らしさというよりは自分らしさを押し出せるような作品を作りたいというのがありました。実家に帰るたびに自分が遊んでいた場所は新しい建物が建ち、無くなっていくという現状があります。真鶴町における特徴を抽出することで、街の精霊のようになって街を知るというのをやっていたので、自分らしさを一番大事にして設計を進めました。

橋本：また何かあれば。

岩月：木上さんに質問があります。すごく模型に手がこまれていて、見ているだけで楽しい雰囲気だとか、すごい力をかけていると思ったりしました。巻き付き方だとか空いたものというのは、人がどういう風にそこを使って、どういう影響を及ぼしていくだとかそういったことは何か考えていますか？

木上：年齢層も幅広いのでここを"テーブル"という設定にするのではなく、広めに道をとって、小さい子にとっては下に隠れるようなスペースになっていたり、大人には棚を置くとか、本を置いたりだとか。ここが本棚ですといった機能を置くのではなく、人によって使い方を変えるような使われ方をして欲しいなぁと考えています。巻き付き型は広めの空間をつくったり、へこませた空間があったり、踏面を広げたりすることで使われ方が違ったりすることを意図して計画しています。

岩月：この巻き付け型の階段は元からあるものではない？

木上：現在は裏と表の色が違いすぎるので、もっと裏のお店の存在を教えてあげるというか、未知なる世界に繋がるようなものを通してあげるというか。そのまま階段から道に繋げていくようなもというか…

岩月：階段から道にというのは具体的にどう…？

木上：人の家の屋根の上に道をのせたり、下は雨が降った時に雨宿りをしたりとか、そういったことを通してこんなところにお店があったのかというような引き込ませる感じでといいますか…

岩月：いろんな要素をつくることでどんな街になって欲しいとかはありますか？

木上：奥の道をただ歩くというだけではなく、もっと奥にはこういう世界があるとか、使われていない空き家を無駄にするのではなくてこういう使われ方をしてもいいじゃないかみたいな…。テーブルと言われるとテーブルにしかならないけれどそれをテーブルと言われなければ何か違うものになるように、これはこれというものではなく、こんな風な使われ方もあるのではないか？こうしたらいいのではないか？と街の人達で話をすることによって繋がりが生まれたりしてくると思います。

岩月：街の人達と一緒にこの街を良くしていきたいみたいな感じで

考えているということ？
木上：はい。それが植物的に増殖、浸食していって他の街とかにどんどん広がっていけば良いなという感じで、ここから発信していってほしいなあというのがあります。
岩月：わかりました。
木上：ありがとうございます。

橋本：はい、ありごとうございます。他にどうですかね？
赤松：ベジタブックの池田さんにちょっと聞きたいのですけども、野菜嫌いの子供達を割りと最初からターゲットにしようというつもりだったのか、色んなことを考えて最終的に落ち着いたのか、どういう風なところからスタートしたのかを知りたいです。
池田：野菜嫌いというのは子供を持つ親にとっては、結構深刻な問題です。そういう話を聞いたり、文献を見たりしたら野菜嫌いが深刻だということを知ったのでそこにターゲットを絞りました。
赤松：野菜以外にはこの先に挙げられそうなコンテンツは何か考えています？
池田：野菜の他だと、きのこは嫌いな子供が多いのできのこ類にも展開出来たら良いかなというのはあります。
赤松：なるほど。はい。

橋本：後藤さんですが、横幅とか長さとかその辺の規模を決めるスタディはどうやったのかを聞きたいのですが。
後藤：1つの舞は、2ｍ×2ｍくらいでそんなに大きな動きはしないです。私はそれを夕方から外で見ていた時にそこを越えてお客さんのところに駆けつけたり、わざわざ外まで出ていくこともありました。渦の中の幅は3ｍあるこもあれば4ｍのこもあります。それは逆に2ｍ×2ｍの周りをお客さんが囲んでいても良いし、もしかするとお客さんも踊っても良い。村の人が一緒になって、最後はみんなで一緒に踊っていたりします。それも渦の中でおこなわれています。なので私も自分なりにサイズ感というものを考えて設計しました。

橋本：はい。ありがとうございました。他に…？

赤松：鈴木さんですが、産業の波までの1階部分が水産加工工場ですが、その上のテントを取り払うと従来のままですよね？
鈴木：はい。

赤松：それは従来のスタイルが1番理にかなっているということなのかな？どこか変えるともっと違う使いやすさや、魅力が生まれる可能性はあまりないからこうなっているのですか？
鈴木：水産加工業者の社長さんにお話を伺ったのですが、大きい機械室があった方が良いとかそういう意見を頂いて、それを基にして設計しています。ただ新しい部分としては幕から日光が柔らかく降り注ぐようにデッキの下になっていたり、それでゾーニングをしているという点が違うのかなと思います。

橋本：柱の付け方が1階に影響を及ぼすと思うのだけどどういう根拠で入ってくるのかな？この柱が構造とかを誘発しているとこもあるし、制御しているとこもあると思うのだけどその辺はどうですか？
鈴木：最初にまず考えたのは、産業の邪魔をしてはいけないという点。それで最終的には少なくても12ｍグリッドを保った上で、構造を支えるための柱というのを配置していきました。
橋本：1階でやられる行動とか機能とかというのを考慮して柱が打たれているという風に考えて良いですか？構造上ここは必要だというのもあると思いますが、それも検討しながら打っているということですか？
鈴木：そうですね。
橋本：はい。ありがとうございます。

岩月：さっきの鈴木さんの話ですが、屋根とか柱はすごく良いと思うのですが、サイドの壁は無い方が、人が色んな場所から入って来られるのかなあと思ったのですが…。壁はどうしてつけているのですか？
鈴木：今まで市場で経営していた人も市場に見学の人を入れたいと考えていたのですが、やっぱり危険だから入れられないと言っていたのがあったので、車が走る空間と歩行者の空間をしっかり分けたというのがあります。
岩月：ちょっと中が見えたりした方が良かったのかなと思う。
鈴木：あ、はい。団地の後ろの部分に太い道路が通っているのですがそこは嵩上げされていて、道路が下りてくる地点にこれがあります。研究所の入口から視点が抜けるようになるのでないかと…。

橋本：では、そろそろ最終的な投票の方に入る準備をしたいので、もし河合さんと近藤さんのやつに何かあればいかがですか？

近藤さんのやつは、残すべきか？残さないか？の基準が美的なものという話があったと思うのだけど、自分の中で条件に合わないけどこれはやっぱり良い場所だから残そうというものもありましたよね？基本は良いものばっかりなのか、やっぱり無くさなきゃいけないものも多くあったのかというあたりはどうのなのでしょうか？
近藤：残しているものの多くは今の住人が良く集まっていたり、現在の街で利用されている場所は残しています。人が居なくなって荒れている場所や、暗くなっている場所は改善すべき点という風にとらえて変えていくという風にしております。

橋本：はい。河合さんのやつは、どうでしょうか？
岩月：河合さんの作品の橋についてですが、上が芝生で曲線になっていると思うのですけど、あれはどうして曲線になったのですか？
河合：これは10m幅の道の真ん中に2m幅の丘みたいなものをつくるという計画だったのですが、芝の中に丘のような並々とした道があることで、2階にも上がれるようになっているんです。橋とちょっと繋がっているようなとこもあって、そこでの繋がりも出来るのではないかなと思っています。曲線にしたのは人が見ていて楽しく歩けるような感じで出来たら良いなと思って計画しています。
岩月：商店街というのは模型でいうとどこになりますか？
河合：（模型を指しながら）こちらが商店街の建物です。2つあります。そこに繋がっているようなところがあるのですが丘があることによって、2つの建物の関連ができます。2階にはあんまり行かないのですがそこに行きやすいようにしています。
岩月：今のだと2階に行って商店街にアクセスするというのがわからないかもしれない…。
赤松：実際に2階にはショップが入っている？
河合：入っています。
赤松：それを見た時には1度上に登っちゃうと逆に歩いている時に、お店があっても降りられないのでは？という風に見えてしまうのね。だから2階と接続する部分をもうちょっと表現してあげると登ったり降りたりできそうな感じがするのではないかな？1回登っちゃうと最後まで降りられない風に見えちゃうので（笑）
河合：はい、わかりました。ありがとうございます。

橋本：はい。では時間も迫ってきたのでよろしいでしょうか？投票の方に向かいたいと思います。まず入賞の中から上位3つに押すものはどれかというものを確認したいので挙げて頂きます。それで決定ではなくて、とりあえず上位3つを議論したいと思います。
僕からいきますが…まだ悩んでいるのですが1つは、4番の木上さんですね。2つ目は、10番の鈴木さんを挙げさせてもらって…3つ目は、47番の後藤さんに挙げさせて頂きたいと思います。では岩月さん。

岩月：近藤さんの作品は周辺を分析していて通る道とか色々な面白いとこを発見したりとかポジティブに変えていこうみたいな、そういう姿勢があったので良いなと思いました。木上さんと話した時に色々疑問だったことがあったのですが、模型を近くで見て説明をしてもらったらそういう可能性もあるかもしれないなと思ったので、木上さん。道を立体的に構成していった須永さんも建築家とか矛盾

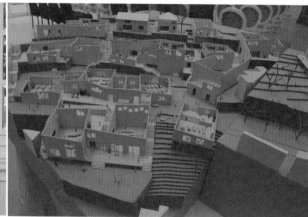

とかを色々考えながら具体的に提案したという意味では…。可能性のある建築が出来ているのではないかなと思ったので須永さんを挙げさせて頂きたいと思います。

橋本：ありがとうございます。では神谷さん。

神谷：コンテストという部分、提案、リアリティと、判断基準は色々あると思います。まず1つは、神楽のやつ。模型の迫力というのはもちろんあるのですが、文化の継承をしていく上においての役割というか、祭りの特徴そのものが危うい状況にあるということに対しての提案というのもあったのかなと思いました。33のストーリーの中でルーバーによって見えない場所があったりするわけですよね。それが比較的に祭りの流れとか時間軸とかをよく考えられているなという意味において良いと思いました。それからもう1つはベジタブックですね。これはもう出来ればこれが終わった後、僕と一緒に出版していかない？というかですね…（笑）出来ればきのこも。ミトコンドリアとかですね。関係各所に持っていってですね、がっぽり儲けようぜというくらい（笑）大変リアリティーがあって夢もあって、イラストの能力も高いですよね。1つひとつのコミュニケーション能力やいわゆる優しい想像力とか。特にグラフィックということに関しては製品化という上においては、こんな便利なものができたら良いなと思うくらいです。ベジタブックは良いなという風に思いました。あと1つは建築で悩むところなのですが、自分も須永さんのスロープのこれですかね。これに関しては色んな示唆があると思います。これは仮にこういうものが出来たとしてこれを須永さんのせいにせずにこの町の人達やデベロッパーがいかにこれを商業に結びつけるか、そういう意味での新しいコミュニティーとしての提案に結び付けていくかという点が試される。という可能性にかけて須永さんを挙げます。

橋本：良い感じに割れてきていますね。では赤松さん。

赤松：難しいですね…私は鈴木さん、産業の波間に入れたいなと。震災があってということがきっかけではあると思うのですが、漁業で成立している街というのは震災がある前にも分断されていて、それを解決していくということがあまり無かったところだと思います。新しく繋がっていく場所が色んなところに展開していけるような力がここを拠点にして生まれていくということが良いと思いました。それは建築だけの問題ではなく、大きな社会的な問題に気がついて提案しているのではないかなという風に思ったので。あとは池田さんのベジタブック。私、建築にはデザインという言葉をあまり使わないのですが、そのデザインという意味が今回のデザイン女子No.1では広い意味をもつので可能性を持っているのだなということを知ることが出来ました。そういう意味では色んなものが統合されたレベルの高い作品が出てきたなと思い、池田さんのベジタブック。3つ目が後藤さん。日本の地方で廃れつつあるものを、建築を造ることでそのエネルギーを取り戻したいという思いがすごく伝わって来ました。この場所だからこそという説得力がすごくある。そういう意味では強い提案だなという風に思いました。

橋本：ありがとうございます。単純にいくと後藤さん、47番の神楽が3票入っていますので残すということでいきたいと思います。

これは、よろしいですか？
審査委員一同：はい。

〈表〉1回目の投票（1人3票）

氏名	近藤	木上	須永	鈴木	池田	河合	後藤
赤松				○	○		○
神谷			○		○		○
岩月	○	○	○				
橋本		○		○			○

橋本：次は4名が2票、1名1票という状況にあります。その中から2人しか選べないという状況があるのですがどうしましょうか？状況的には2票が入っている4人で残す2つを決めたいと思います。短めに思いを述べてもらって、こちらでもう1度再考するということになると思います。では木上さんから。

木上：今すぐどうこう出来るということではなくて時間をかけてでも、今までにはない新しい街の在り方によって色んな人との交流をつくっていきたいというのをわかって欲しいです。建築に終わりはないことを考えた上でも、未来に向けて皆でもっと考えていきたいというのが私の考えです。

橋本：はい。須永さん。

須永：この街は私が生まれ育った街の街づくりに対する反抗心から造ったものなので堂々と反抗したいと思っています。

橋本：では、鈴木さん。

鈴木：私はこの建築をつくる際に相手がいるということをすごく意識して、これを使う人がいてということを考えたら、今までの自分のアプローチを反省しました。地元の人のアイデアとして、空間的に考えることができないということを悩んでいらしたので、その街の魅力をこの空間でこういう風に実現できるのだよということを伝えたいなと思います。

橋本：はい、池田さん。

池田：蛇腹状にする形に至るまでに検討を重ねたり、パズルやプレゼントボックスだったり、自分のアイデアを全て詰め込んで親子で楽しんで野菜を好きになってもらいたいと思っています。

橋本：ありがとうございます。それぞれの話を聞いて、変わるかどうかというのもあると思うのですが。

神谷：もう1票足したら？

赤松：確かに。

橋本：では今の4名の中から自分が投票しているもの以外で1票を選んでもらうという形にして、それの合計をもう1回見てみましょう。

僕の方からいくと、池田さんのベジタブックに1票入れたいと思います。では岩月さん。

岩月：震災の鈴木さんの思いというか、色々調査してこれをつくっているのだなというのがすごく感じるので鈴木さんにします。

神谷：僕もこの産業の鈴木さんの。地元の人とこんなに話を聞いているという点が良いと思います。

赤松：今ある街並みに対して何かを少し加えていくことで何かが変わり続けていくということに魅力を感じてはいる案ではありましたので、木上さんに入れます。

〈表〉上位3名入り決戦投票（1人1票追加●）

氏名	木上	須永	鈴木	池田
赤松	●		○	○
神谷		○	●	○
岩月	○	○	●	
橋本	○		○	●

橋本：そうするとですね、全部入った鈴木さんは次の議論に残すことにします。木上さんと池田さんが3票で並んでいます。どっちに入れましょうか、全員で。2：2になったら審査委員長権限にしたいと思います。

赤松：恨まれそうじゃないですか。（笑）

橋本：仕方ないですね。皆さん良い作品ですが選ばないと。木上さんか池田さんに入れるという投票をおこないます。僕は木上さんに入れます。

岩月：そうですね。私も木上さんにしたいと思います。

橋本：なんとなく見えてきていますが。

赤松：完璧に見えていますね。

神谷：僕はベジタブックの…（笑）

赤松：私もね、一緒に売り込みに行こうと言ったくらいですから。ベジタブックですね。

〈表〉上位3名入り決戦投票（1人1票）

氏名	木上	池田
赤松		○
神谷		○
岩月	○	
橋本	○	

橋本：そうしたらですね、接戦でしたが…池田さんが残るということにさせて頂きたいと思います。
赤松：ごめんなさいね。
橋本：ということで近藤さん、木上さん、須永さん、河合さんの4名が特別賞ということに確定致しました。おめでとうございます。
（会場拍手）
橋本：続いて3名の中からNo.1を決めたいと思います。これは1番にポンッと入れたいと思います。理由は皆さん言ってくれているところもありますので、淡々とNo.1にふさわしいのはどれかということで入れていきたいと思います。橋本の方からいきますが、後藤さんに入れさせて頂きたいと思います。
岩月：悩みますが、後藤さんに入れさせて頂きたいと思います。
橋本：はい、神谷さん。
神谷：夜神楽で。
赤松：夜神楽ということで。No.1は…ということでという感じですかね。
橋本：はい。では、満票ということでNo.1は後藤さん。おめでとうございます。
（会場拍手）
橋本：続きましてNo.2とNo.3を決めます。これはもう票が全部入ったのでもう1度入れたいと思います。もし2：2になった場合は審査委員長で決定したいと思います。No.2ですね…橋本からいきますと、鈴木さんに入れたいと思います。
岩月：そうですね、私も鈴木さん。
神谷：僕はデザインコンテストという中での来年に繋がっていくということにおいての幅みたいなものがあってもいいかなと思いまして、ベジタブックの方に。
橋本：運命の赤松さんお願いします。
赤松：役回りとしてなかなかあれですね。この2人には私はわりと最初からずっと入れているので、結構1番難しいところだなっていうのが正直ありますね。ここは悩ましいとこではありますが、No.2は鈴木さんに。
橋本：ありがとうございます。それではNo.2は鈴木さんに3票入りましたので、鈴木さん。おめでとうございます。
（会場拍手）
橋本：池田さんがNo.3ということで、おめでとうございます。ありがとうございました。
（会場拍手）

〈表〉上位3名からNo.1を決める投票（1人1票）

氏名	後藤	鈴木	池田
赤松	○		
神谷	○		
岩月	○		
橋本	○		

〈表〉No.2とNo.3を決める投票（1人1票）

氏名	鈴木	池田
赤松	○	
神谷		○
岩月	○	
橋本	○	

ID 01
芝浦工業大学

近藤 裕里
KONDO Yuri

まちのローカル
小学生の頃、学校の境界を飛び出してまち中を駆け回り、まちと1つになって遊んだ記憶。まちと一体化した小学校を提案する。

出展作品一覧

デザイン女子No.1決定戦2012には総応募数61作品が全国から寄せられた。応募作品中ここに並ぶ29作品が1次審査を通過し、会場にて展示された。

ID 02
豊田工業高等専門学校

松岡 舞
MATSUOKA Mai

Kinderminium -キンダーミニウム-
「集まって住む」意味が薄れてきている。子どもを自分たちだけで育てるのではなく、周囲と協力し合いながら子育てを行う環境。これこそが、現代社会における新たな「集まって住む」意味となるのではないだろうか。

ID 04
昭和女子大学
木上 奈都子
KIGAMI Natsuko

365日の更新

土の成分や気候、その環境に合わせて成長する植物。
そんな植物のように、
時の流れによって、
利用する人に合わせ、
三六五日休むことなく更新し続ける建築を提案する。

ID 08
実践女子大学
須永 千尋
SUNAGA Chihiro

街の序幕

街の発展は、一つの舞台にたとえられる。序幕、第一幕、
第二幕…終わりのない舞台。私が計画したのは序幕の部分。
人々は序幕でつくられた空間に誘導されながら自分たちの
空間を、物語を作り出していく。

ID 05
千葉大学
瀬賀 未久
SEGA Miku

Re:creation Factory

清掃工場は機械の寿命が30年しかもたないため、建物も機
械の寿命に合わせて建て替えられる。現在の新江東清掃工
場は20年後に稼働を停止する。隣地に新しい清掃工場を、
跡地に放棄物をストックする場を計画する。

ID 10
東北大学
鈴木 さち
SUZUKI Sachi

産業の波間

被災した石巻の水産加工団地。ここに、産業の復興のため
の複合工場を作る。つながりの強い機械工業と水産工業を
組み合わせた研究開発工場と、波のような屋根を通り抜け
ながら市民が製品を楽しめる場所を作る。

ID 13
岐阜市立女子短期大学
池田 有衣
IKEDA Yui

魔法のベジタブック
~子供の野菜嫌い改善のための体験学習ツール~

子供の野菜嫌い改善のための、野菜作り体験キットと野菜の情報学習ツールを統合したプロダクト。子供用コンテンツと大人用コンテンツがあり、野菜を知る、育てる、食べるの3部構成で野菜作りを楽しく学習、体感できる。

ID 19
武庫川女子大学
河合 摩耶
KAWAI Maya

わたしのまちのリノベーション

今まで私たちは、スクラップ・アンド・ビルドを繰り返して街を作り直してきた。しかし、環境問題が進む中、このような取り組み方を続けていて良いのだろうか。ここで私は街のリノベーションという考えを提案する。

ID 15
明治大学
新谷 真由
ARATANI Mayu

The wedge to connect ~上野の新しいランドスケープ~

上野公園、不忍池、上野の街という三つの要素の間にある敷地を取り上げ、都会と自然の間に有る建築の振る舞いを考えた。それぞれの質を壊す事無く全てを繋げる、楔のような建築の提案。新しいランドスケープ。

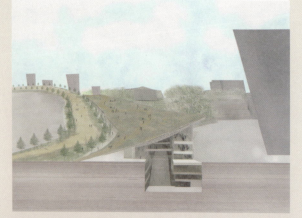

ID 20
愛知淑徳大学
小栗 梢
OGURI Kozue

HONEYCOMB CHAIR

普段は見る事のない、航空宇宙関連や家具の内材に使用されるハニカムコアを使用した椅子を制作しました。ハニカムは曲げたり、それを固定することが出来ます。実験によりハニカムかつくりだす自然なカーブをみつけデザインに生かしました。一般の生活で目に入ることのない新素材での新たな椅子デザインを提案します。

ID 22
名古屋大学
前田 千晶
MAEDA Chiaki

Terrarchitecture
- カンボジア・アンコール遺跡群保存修復センター
クメール建築のデザインを今に翻訳する。

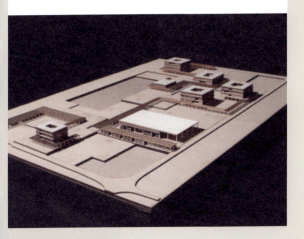

ID 29
愛知工業大学
神永 侑子
KAMINAGA Yuko

「記憶のギャラリー」
「経時変化」という物語中にかぎ括弧をつけるように切り取られた風景は、心象風景となり、記憶となり、人の心に宿る。建築が亡くなるということの認識。

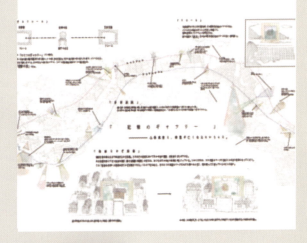

ID 27
長岡造形大学
松岡 佑実
MATSUOKA Yumi

地図にない湖から -見えない水辺の軌跡-
人と水との共生。水質浄化を用い、それにより発生するエネルギーを循環するシステムを組み込んだ建築を環境基準の達成目標に応じて、4つの段階を設けて4つの建築を計画し、人が水に関心をもつきっかけ作りを
行う。

ID 30
愛知淑徳大学
斎藤 茉弥
SAITO Mami

B LIGHT
LEDを使用した、光が柔らかく拡散する照明器具。毎日のあかりに美しさを求めたい。均一で、あかり溢れた現代社会の暮らしの中に、陰影を
演出したい。そんなあかりを生む素材も研究し4作品制作した。

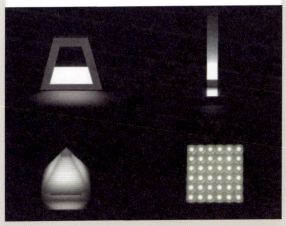

Design Girls Championship 2012 NAGOYA

ID32
秋田県立大学
西澤 裕希
NISHIZAWA Yuki

stream line
空間の連続性、内部機能に対応した外観を重視した。また計画した
施設は河川に沿うように建っているのであらゆる角度や距離から見ることが
可能なことから、裏表のないファサードを意識した。

ID 37
金沢工業大学
高橋 可奈子
TAKAHASHI Kanako

半隠遁者の集落
日本では1日に約80人、自ら命を絶っている。今日わたしが過ごした時間のなかで80人もの人が命を絶ってる。苦しみから逃れる手段が「自殺」ではなく、他の道はないのだろうか。今の世の中には存在しないどこにもない。私は心に傷を抱えている人が少しずつ自分を取り戻す場所がこの世に1つくらいあって良いのではと強く思う。騒々しい、目まぐるしい私たちの世界とは別の世界、半隠遁者の集落を提案する。

ID 36
名古屋工業大学
小幡 佳世
OBATA Kayo

10.30.xx
経済的合理性によって構成される新興住宅地の10年、30年、xx年後を追う。家族構成や生活に変化が現れた時、地震に襲われた時、経済的合理性だけでは成立し得なくなった住宅地にバナキュラー性を獲得させる。

ID 40
愛知淑徳大学
加納 有芙子
KANOU Yuko

うつろひ －光と影の回廊－
魂が眠る場所、名古屋平和公園。ここで、太陽光により様々な情景を光と影で表現する。太陽の動きとともに、光が、時がうつろう。人々は、光が映し出す情景に自分の記憶を重ね合わせ、亡き人との思いに浸る。

ID 41
武庫川女子大学
東 奈生子
AZUMA Naoko

うつろう玄関口 - 空港の待ち時間のために -

空港の待ち時間。ひとはなにを想うだろうか。空港とは停滞を余儀なくされる人々をもてなすための空間があるとともに、潜在的に日本を求める場所ではないだろうか。日本から旅人へ贈るおもてなし空間を提案する。

ID 44
名古屋大学
松永 彩
MATSUNAGA Aya

流線縷々 - 犀川加賀友禅工房・美術館 -

現在文化にゆかりのない郊外に追いやられ衰退しつつある加賀友禅の工房を移設し、美術館の機能を加え、古くからの町割りにそって役割を持たせた空間に展示された反物によって曖昧な境界を作る。

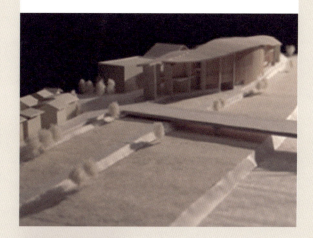

ID 43
岐阜工業高等専門学校
浅井 彩香
ASAI Ayaka

まちの里親さん - 家族が生まれる空間 -

里親制度に注目し、制度が抱える問題を解決する新たな制度と空間を提案する。里親と孤児の関係に地域住民やボランティアを巻き込み、孤児が様々な年代の人々と家族のような関係を築き、強く自立することを期待する。

ID 45
名古屋大学
光山 茜
MITSUYAMA Akane

sit side by side

現在都市計画公園指定のため2,30年後に立ち退きが決定している住宅地で、豊かに住み続けるための提案。
公園と住宅を融合することで、市、市民、住民が展望を持てるようになる。

ID 47
慶応義塾大学
後藤 理奈
GOTO Rina

夜神楽三十三番

私のオリジン探し。観光化したくない場所。写真には映せない、大事な風景。宮崎県高千穂町秋元村。11月の紅葉の頃、一日を通して村人は神様と共に舞い遊ぶ。私は時と共に光と風景が導いてゆく神楽宿を設計したい。

ID 49
名古屋大学
古賀 春那
KOGA Haruna

esplanade market -福岡・姪浜漁港再整備計画-

漁港施設の建築である。大規模立体駐車施設と共に魚市場の新しいあり方を提案する。桟橋を連想させる2のスラブを用いた単純な構成で、時間帯によって多様な魚市場と遊歩道空間の創造を試みる。

ID 48
京都造形芸術大学
北川 菜緒子
KITAGAWA Naoko

ジグザグのまち　グルグルのうち

道を遊び場にする子供。とめどない井戸端会議。道が記憶してきた情景は過去のものだろうか。道と建物と人との距離感を連続する壁で操作し、狭間から人と人の繋がりを派生させていく。

ID 50
名古屋芸術大学
河井 彩香
KAWAI Ayaka

MUSU ∞ BISU

結ぶ　運ぶ　解く　ヒロガル　シアワセ
ここは、シアワセお持ち帰り専門店。
おむすびを、風呂敷に包んでお渡しします。
風呂敷を広げると、シアワセな空間が広がります。
ここは、シアワセの始まりです。

ID 52
奈良女子大学
新川 求美
SHINKAWA Motomi

湖国を結ぶ瑠璃色
- 河川流域のエリアマネジメントをプロモートする施設群 -

環境に基づかないコミュニティ設定となりつつある滋賀県犬上川流域に上流部多賀町は課外学習施設『谷の蕾』、中流部甲良町は川の駅・農業サポート施設『堤の織』、下流部湖岸はミュージアムを設計した。

ID 59
名古屋芸術大学
加古 三恵
KAKO Mie

ワタシ　カフェ

自分だけのプライベート空間を提案するカフェ、そして家具。

ID 57
岐阜市立女子短期大学
道場 弘枝
DOJYO Hiroe

Thank you for…

寄書きをして相手に贈る「写真立ての製作キット」を部活動21種類分制作しました。
製作キットであるため平面から立体への変化、寄書きと写真立ての融合、製作の楽しさ、視覚変化の面白さを感じることができます。

デザイン女子 No.1 決定戦 2013 NAGOYA

2013年3月13日（水）～14日（木）
サーウィンストンホテル2階 メゾン・ド・オペラ

第2回目の開催となるデザイン女子 No.1 決定戦 2013 は、昨年の内容に加え、学生企画やオーディエンス賞（来場者投票）を新たに実施した。会場の拡大に伴い、展示作品数も増えより魅力のあるイベントとなった。

概要 OUT LINE

要項

応募資格：大学・短大・高専・専門学校に在籍する「女子」で、都市・建築・インテリア・プロダクトなどの空間に関するデザインの卒業設計・制作を 2012 年度に取り組んだ学生とします。共同設計・制作の場合も全員がこの応募資格に該当することとします。
登録期間：2013 年 2 月 1 日 10：00（金）～ 2 月 22 日（金）10：00
登録費：なし
応募作品：1 次審査 プレゼンテーションシート（A3 サイズ、6 枚以内）
　　　　　2 次審査 ポートフォリオ 1 冊（A3 サイズ、枚数自由）、パネル 1 枚（A1 サイズ縦）、制作物・模型

開催情報

会期：2013 年 3 月 13 日（水）～ 14 日（木）
会場：サーウィンストンホテル 2 階 メゾン・ド・オペラ
プログラム

2013 年 3 月 13 日（水）
09：00-12：30　作品設営（出展者のみ入場可能）
13：30-20：00　作品展示
13：30-14：30　学生委員企画第 1 部「みんなの卒業設計・制作 座談会」
14：40-17：10　学生委員企画第 2 部「pre-Pre」
18：00-19：30　シンポジウム「設計の中で考えていること」 岩月美穂　studio velocity

2013 年 3 月 14 日（木）
09：00-17：00　作品展示
09：00-12：00　2 次審査（審査委員巡回方式）
13：30-17：00　デザイン女子 No.1 決定戦 2013 ファイナル
17：30-18：30　デザイン女子 No.1 決定戦 2013 表彰式＆ティーパーティ
18：30-20：00　作品撤収（出展者のみ入場可能）

審査委員紹介

1次審査　審査委員

磯崎由治（リアルスタイル）
加藤悠介（豊田工業高等専門学校 建築学科 講師）
中島貴光（大同大学 工学部 建築学科 講師）
夏目欣昇（名古屋工業大学 工学部 建築・デザイン工学科 助教）
橋本雅好（椙山女学園大学 生活科学部 生活環境デザイン学科 / 大学院 生活科学研究科生活環境学専攻 准教授）
三上いく恵（三上いく恵設計事務所）
道尾淳子（愛知淑徳大学 メディアプロデュース学部 都市環境デザインコース 助教）
村上　心（椙山女学園大学 生活科学部 生活環境デザイン学科 / 大学院 生活科学研究科 生活環境学専攻 教授）

2次審査・ファイナル 審査委員

〈審査委員長〉
赤松佳珠子
CAt パートナー
1968年東京都生まれ。1990年日本女子大学家政学部住居学科卒業後、シーラカンス（1998年C+A, 2005年よりCAtに改組）に加わる。「千葉市立打瀬小学校」（千葉、1995）「吉備高原小学校」（岡山、1998）「スペースブロック上新庄」（大阪、1995）などに携わり、2002年よりパートナー。代表作に「リベラル・アーツ&サイエンス・カレッジ」（カタール、2004）、「House YK / Islands」（千葉、2005）「宇土市立宇土小学校」（熊本、2011）など。現在、日本工業大学、法政大学、日本女子大学、神戸芸術工科大学非常勤講師。

〈審査委員〉
神谷利徳
神谷デザイン事務所　主宰
1961年愛知県生まれ。1987年「神谷デザイン事務所」設立。
これまでに店舗・住宅など1,000件以上を手掛ける。
仕事範囲は、各種コンサルティング・地域再生事業アドバイザー・講演・大学非常勤講師・執筆活動と、拡大中。
代表作に「坐・和民」（全国各地）、「博多・一風堂」（全国各地）、「GARDEN RESTAURANT 徳川園」（愛知県名古屋市）、「THE TOWER RESTAURANT」（愛知県名古屋市）、「トヨタ レクサス CLUB LEXUS」（愛知県名古屋市）

〈審査委員〉
大西麻貴
o+h
1983年愛知県生まれ。2006年京都大学工学部建築学科卒業。08年、京大学大学院工学系研究科建築学専攻修士課程修了と共に大西麻貴 + 百田有希 / o+h 設立共同主宰。11〜13年横浜国立大学大学院 Y-GSA 設計助手。
主な作品に、「千ケ滝の別荘」（06年〜／SDレビュー2007 鹿島賞受賞）、「都市の中のけもの、屋根、山脈」（08年／『ダブルクロノス展』出展）、「夢の中の洞窟」（09年／東京都現代美術館）、「二重螺旋の家」（11年）、「こどものみんなの家」（13年／伊東豊雄と共同設計）、など。

〈審査委員〉
村上 心
椙山女学園大学生活科学部生活環境デザイン学科教授
1960年大阪生まれ。1985年東京大学工学部建築学科卒業。1992年同大学工学系研究科博士課程満了。1997年蘭・デルフト工科大学OBOM研究所客員研究員。著書「The Grand Tour －世界の建築風景」訳本「サステイナブル集が一緒に暮らす」

〈司会〉
橋本雅好
椙山女学園大学生活科学部生活環境デザイン学科准教授
1973年群馬県生まれ。東京大学大学院工学系研究科博士後期課程修了 /2001 日本建築学会奨励賞 /2003 第4回雪のデザイン賞佳作 /2007 第4回キッズデザイン賞入選 /2010 などを受賞。共著に建築系学生のための卒業設計の進め方 / 井上書院 /2007、設計に活かす建築計画 / 学芸出版社 /2010 など。

デザイン女子 No.1 決定戦 2013 応募校データ
都道府県別応募数

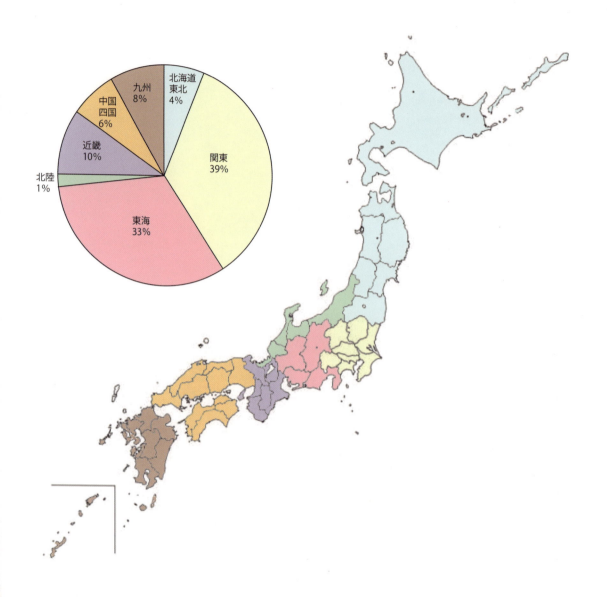

作品分野別応募比率 (%)

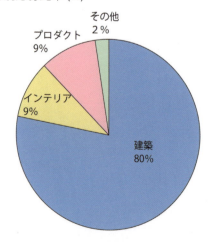

エントリー校一覧

愛知産業大学、秋田県立大学、大阪工業大学、神奈川大学、岐阜市立女子短期大学、九州大学、京都造形芸術大学、京都大学、金城学院大学、慶応義塾大学、工学院大学、神戸芸術工科大学、実践女子大学、芝浦工業大学、昭和女子大学、女子美術大学、椙山女学園大学、摂南大学、大同大学、千葉大学、東海工業専門学校、東海大学、東北大学、名古屋芸術大学、名古屋大学、奈良女子大学、日本大学、広島大学、福井工業大学、前橋工科大学、三重大学、武庫川女子大学、明治大学、立命館大学、琉球大学

入選作品紹介

入選作品一覧

デザイン女子 No.1	ID44	加藤千恵	名古屋芸術大学	「森を、想う。」
デザイン女子 No.2	ID67	白鳥理恵	慶應義塾大学	「過疎ノ手 - フローティングユニットによる沿岸部過疎地域への物資支援、活性化 -」
デザイン女子 No.3	ID64	植村洋美	武庫川女子大学	「炭坑の唱歌 - 去来する筑豊の姿 -」
特別賞	ID15	商育恵	慶應義塾大学	「永安里的変化」
特別賞	ID16	森香織	芝浦工業大学	「床下の小宇宙 - 地域に根ざした通学路の設計 -」
特別賞	ID42	野口この実	神奈川大学	「紡ぐ」
特別賞	ID47	西川令花	椙山女学園大学	「どたばた！ひがしやま」
特別賞	ID59	大園咲子	九州大学	「つかず、はなれず。」
オーディエンス賞	ID02	杉崎奈緒子	慶應義塾大学	「ヒダ - 多様性が混在する集住 -」

デザイン女子No.1

ID 44　　名古屋芸術大学

加藤　千恵
KATO Chie

森を、想う。

Concept

木が生きた証とはなんだろう？

私たちと同じように年を重ね太く大きくなった木を、まちなかで感じることの出来るように、このツールは生まれました。全身を使っておもみを感じられる。森と木を想うもの。

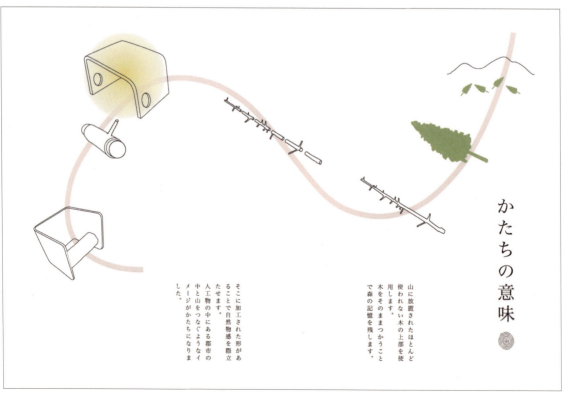

かたちの意味

山に放置されたほとんど使われない木の上部を使用します。木をそのままつかうことで森の記憶を残します。

そこに加工された形があることで自然物感を際立たせます。人工物の中にある都市の中と山をつなぐようなイメージがかたちになりました。

森を、想う

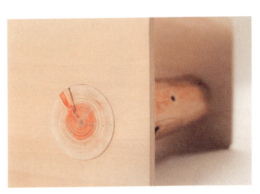

本当の記憶を残す

木が加工されることによって木材になっていくため木が生きていたという記憶はほんのわずかです。"製材、加工されているもの"と"原木"を組み合わせることで、より自然物感を際立たせ、対比をし、こどもたちにダイレクトに伝わります。

家具としてまちに溶け込んでいく

こどもたちがスツールを使ってコロコロ遊びを始めます。こどもが進んで遊ぶ姿から親はどのような家具か興味を持ち、ほんの少しだけ森と近づくことが出来るでしょう。

デザイン女子 No.2

ID 67　慶應義塾大学

白鳥　理恵
SHIRATORI Rie

過疎ノ手
―フローティングユニットによる
沿岸部過疎地域への物資支援、活性化―

過疎ノ手

Concept

都市の日常は過疎地における非日常。
都市では当たり前に享受できるサービスが、過疎地には不足している。沿岸部過疎地域
を巡回し、支援し、活性化するためのフローティングユニットの提案

■ 提案　フローティングユニットによる過疎地域活性化

1　過疎地から過疎地へと
漁船が物資をのせたユニットを曳航。

2　ユニット同士が接合して
過疎地にサービスを提供、支援する。

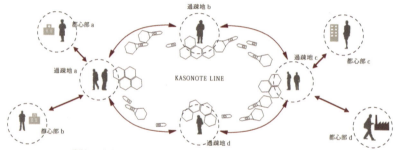

KASONOTE LINE

漁船による物資のバトンリレーを行い、社会的つながりのない過疎地同士が結託することで
上からの支援ではなく、当事者同士による大きなネットワークが生まれて広域に活動が認知されることにより
都心部から人を呼び寄せるきっかけとなり交流が生まれる。

－フローティングユニットによる沿岸部過疎地域への物流支援、活性化－

静岡県南伊豆町、妻良。
小さな漁村集落には人通りがなく、昔は栄えていたであろう漁港は物寂しい空気に包まれていた

■フローティングユニット　劇場

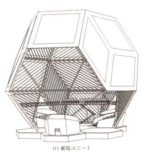

01 劇場ユニット
構成：1階多目的ホール　2階観客席　用途例：演劇、ライブ会場、イベント等

PERSPECTIVE PLAN 1/400

開口のパターン

劇場には前面に開口があり季節や用途に
よって外気の調節をしたり、視線を抜かし
たい方向に開くことができる。

ユニットの組み替え

劇場は段々ユニットを客席として接続する
他に、イベントに応じて一面フラットにし
て空間を大きくとるなどの工夫ができる。

Design Girls Championship 2013 NAGOYA

デザイン女子 No.3

ID 64　　武庫川女子大学

植村　洋美
UEMURA Hiromi

炭坑の唱歌（ヤマのウタ）
―去来する筑豊の姿―

Concept

「紙芝居のようなミュージアム」が私の卒業設計のコンセプトです。山本作兵衛の炭坑記録画にみられる当時の生々しさや臨場感をよりドラマチックに魅せることができる建築を目指し、筑豊の人々に贈る作品にしました。

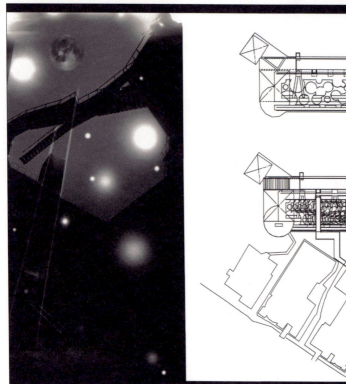

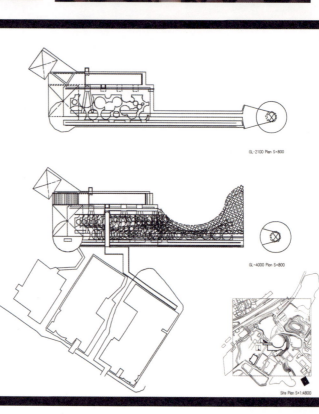

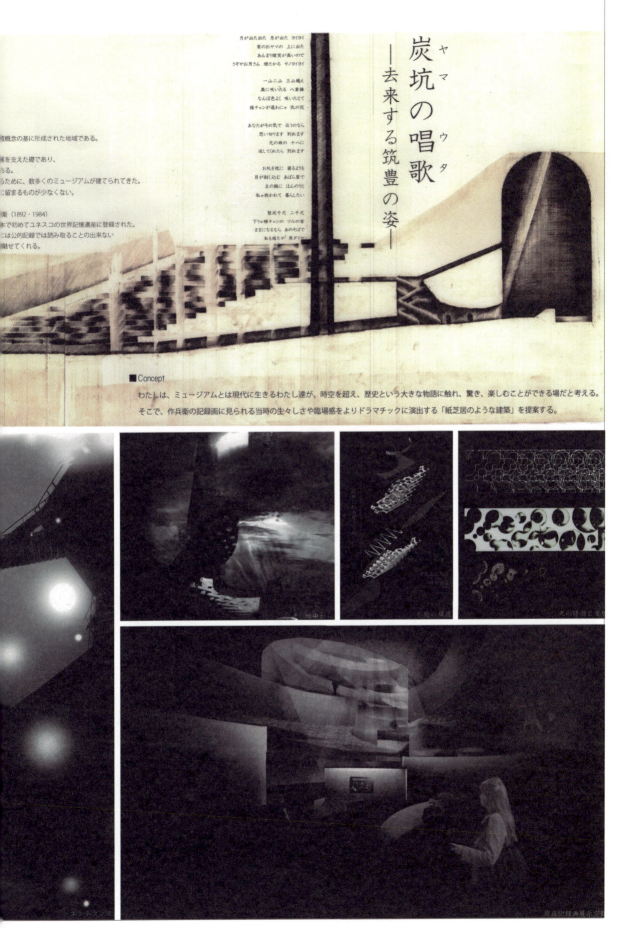

特別賞

ID 15　慶應義塾大学

商　堉穎
SYO Ikue

永安里的変化
（えいあんりてきへんか）

Concept
....

開発で消えていく上海の集合住宅「里弄」の建物と生活感の両方を後世に残したい。大家族向けを「個」に分解し、再構築する。階段・廊下・生活空間となるフレームの上に住民が自由にフロアをかけ生活が展開する。

家単位のまとまりに加え、趣味や年齢などにより新たな集いが構築される。
東西断面図　S=1:150

それぞれのユニットから、生活感が滲み出す。
平面図　GL+7250　S=1:150

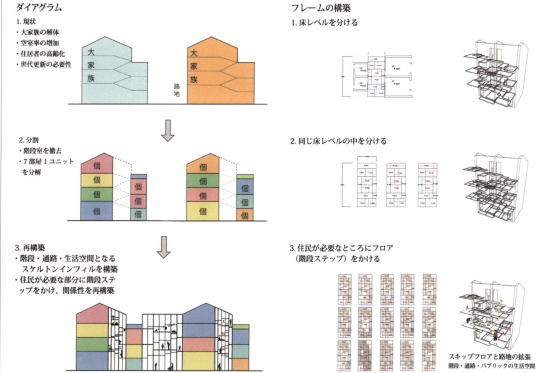

特別賞

ID 16　芝浦工業大学

森　香織
MORI Kaori

床下の小宇宙
―地域に根ざした通学路の設計―

Concept
・・・

地元に明るさを取り戻したい。
隣家との交流を妨げている敷地境界上のフェンスや塀を凹型に浅く掘り、住宅街を駆け巡れる小学生の通学路を提案。地上の大人の世界に見守られ、下にはキラキラした子供の世界が広がる。

□ diagram

1. 敷地境界線に浅いトレンチを掘る

敷地境界線自体は誰のものでもなく、誰のものでもある、とても曖昧なもの。
境界を可視化するためだけに上にのびている塀やフェンスは、隣同士の交流を妨げるものとなってしまっている。
そこを下に浅く掘ることで、隣同士の境界は保ちつつも開けた空間となり、隣同士の新たな交流が生まれる。
また、一段下がっていることで住民の生活のプライバシーは守られ、子どもは住民から見守られるように住宅街を探検する。

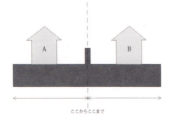
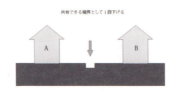
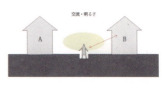

子どもの遊び場・勉強の場は地域の中に自然と存在している。
掘った穴には昆虫が住んでいたり、普段は見えない植物の根っこがあったり。
自分たちで生命を感じ、学び、小さな社会のルールや地域交流も学んで育つ。

場所の特徴に対応した空間を子供スケールで設計

Plan 1:200

Design Girls Championship 2013 NAGOYA

特別賞

ID 42　神奈川大学

野口　この実
NOGUCHI Konomi

紡ぐ

Concept
・・・

目的の間にある人とのやりとりを日常に織り込みたい。
人の動きで表情を変える建具で建築をつくり、人が寄り添う草木でその間を繋ぐ。
刻一刻と変化する動きを建具の建築が紡ぎ、桐生の風景を織りなしていく。

特別賞

ID 47　椙山女学園大学

西川　令花
NISHIKAWA Reika

どたばた!!ひがしやま

Concept

もっと動物個人に着目し、訪れる人に動物への愛着や親しみを持たせることで、東山動植物園を100倍楽しむことができるのではないでしょうか。東山動植物園が舞台のマンガを制作しました。

1. マンガを作るきっかけ

1-02　目的

東山で進められている再生プランの背景とは、「何年たってもお客さんが来園してほしい」といういわば観光拠点化が目的である。

②なぜマンガなのか？

着目したのが、マンガやアニメという2次元の分野
実は、マンガ・アニメによる観光効果は多大なるものである。

アニメ「けいおん！」では滋賀県の豊郷小学校がモデルとなっている。訪れるファンに対し、町おこしも行われている。

▲アニメ「けいおん！」(原作マンガあり)

▲実際の舞台にアニメの場面再現　▲町内に登場キャラクター　▲現地限定のお土産

今日、日本全国でマンガ・アニメのモデルとなる現地に、ファンが訪れる現象がおきている。

また、いかに楽しく東山の魅力を伝えるかを踏まえると、面白い描き方・見せ方ができるマンガがふさわしい。

▲その他マンガ・アニメの場面とモデル

＊＊＊

「東山の動物が登場キャラクター」＝動物個人に着目することができる
「東山が舞台である」　　　　　＝東山を目当てに集客をはかる

2. 東山オリジナルとは？

2-01　動植物園の、じつは

①動物の種類の多さは日本一

約500種と日本で1番多く動物がいる動物園である。そのため、数か所の動物園でしか飼育されていない動物や、東山でしか飼育されていない動物も存在する。

▲499種 14,388点の動物を飼育　※2012年5月末(別冊：東山動物園公式記)

▲3か所の動物園でしか飼育されていないメガネグマ　▲東山でしか飼育されていないラーテル　▲東山でしか飼育されていないドールシープ

②入園料が共通でさらに植物園にも

植物園が併設されており、名古屋という都会でありながらも、多くの自然に触れることができる。

▲也有園（やゆうえん）　▲洋風庭園　▲お花畑

特別賞

ID 59　九州大学

大園　咲子
OZONO Sakiko

つかず、はなれず。

Concept

人と人との距離感とは。
一緒にいたい時だって、離れたい時だってある。いつも一緒にいなくたっていい。そんな気持ちの時もある。空間を共有しながら暮らすのではなく、距離を隔てながら暮らす女子寮の提案。

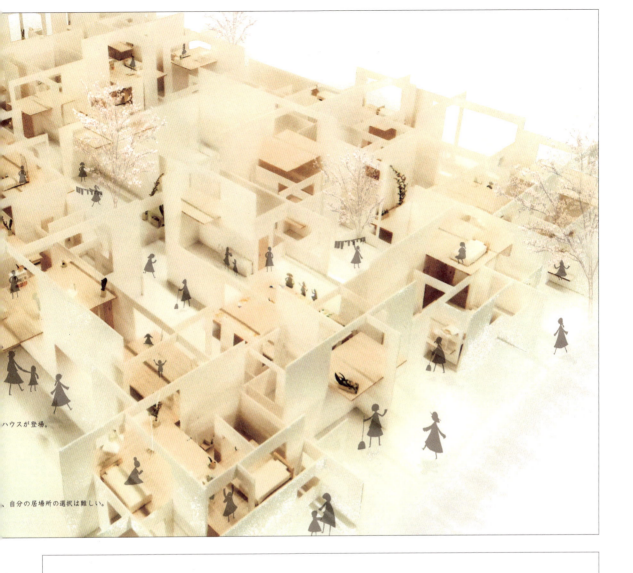

ハウスが登場。

自分の居場所の選択は難しい。

diagram1　■距離感、領域　　空間を共有することを考えるのではなく、3枚の壁、開口、そこに挿入された一枚のスラブをひとつのユニットとし、その組み合わせによって空間を構成する。

□fig1. かべ×3
壁によって閉ざされた空間
遠すぎる距離。

□fig2. かべ×3＋あな
開口によって、開かれた空間
でも、近すぎる距離。

□fig3. かべ×3＋あな＋しかく
一枚のスラブによる、新しい空間
近すぎず遠すぎない、距離感と領域。

オーディエンス賞

ID 02　　慶應義塾大学

杉崎　奈緒子
SUGISAKI Naoko

ヒダ
―多様性が混在する集住―

Concept

名古屋の都市軸である堀川沿いに、人、歴史、自然が、互いの存在を感じ合いながら生活を送る空間を設計しました。
この3つの要素は、途切れることなく帯状に広がる「ヒダ」の中に、混在しています。

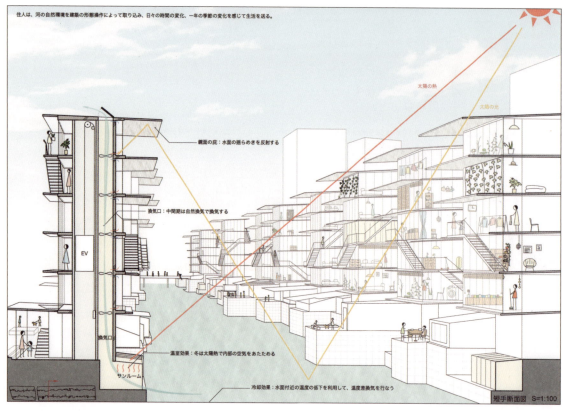

1次審査 & 2次審査

総応募数82点の中からデザイン女子No.1を決めるにあたり、3つの審査がおこなわれた。
1次審査では45作品を選出し、2次審査では更に8作品を選出した。

1次審査

1次審査では全応募作品82点の中から、3月12日・13日に会場で展示する45作品を選出した。
1次審査委員8名は応募されたプレゼンテーションシート（A3用紙6枚以内）をもとに3点票15票と1点票15票の投票をおこなった。投票終了後に集計結果をもとに、1次審査通過の45作品が選ばれた。

1次審査 ■投票集計結果   ★=1次審査通過者

ID	加藤	中島	夏目	橋本	三上	道尾	村上	磯崎	合計
★2	3	1				1	3	3	11
5									
★6	1			1			1	1	4
8	1					1		1	3
★12	1		3		1			1	6
★13			1			3	1	1	6
★15	3	3	3	1			3	1	14
★16	1	3		3	3	3	3		16
★17	1			3	1	1	1	1	8
★18			1	1				1	3
20		1		1					2
★21	3		1	1	3	1	3	3	14
★22		1				3	3	1	8
★23			1	1		1			3
24				1					1
25	1								1
26									
★27	3		1				3	1	8
★28	3		3	3	1		1		11
★29		1	1	3		3			8
★30		3		1		3	1	3	11
★31	3			1	1	1	1		7
32		1	1						2
★33	1		3						4
★34				3	3	3			9
★35	3	1	3		3			3	16
★36	1		3	1	1		1	3	10
37	1		3		3				7
★38	3	3	3	1		3	1		14
★40	3				1	1	3		8
★41		3		3	3	3	1		13
★42	3				3	3		3	15
★43		3		3					6
★44	3		3	3	1	3	3	3	22
★45	3	3		3		3	3	1	16
46	1					3	3	1	8
★47			1	1	3	1			6
48				1					1
★49				1			3		4
50									
★51	1	3	1			1			6
52	1								1
★53				1	1		1		3
54		1							1
55									
★56			1	3	1				5
57	1		1	1					3
★59	3	1		3		1	3	3	14
★60					1	1			2
61					1	1			2
★62		1	3						4
63									
★64	1		3	3			3		10
65									
★66			1	3			1		5
★67	3		3	1			3		10
★68		1	1	3		1		3	9
69									
70									
71									
72									
★73			3	1	1				5
★75	1	1		1		3			6
★76			3		3		1		7
★77	3	3	3	3		1	3		16
78									
80									
81						1			1
82					1				1
3点票合計	45	45	45	45	45	45	45	45	120
1点票合計	15	15	15	15	15	15	15	15	360
投票総点数	60	60	60	60	60	60	60	60	480

2次審査

2013年3月14日 9:00～12:00

会場：サーウィンストンホテル2階 メゾン・ド・オペラ

2次審査では1次審査通過45作品の中から、午後からのファイナルラウンドに向けての8作品を選出した。
出展者はポートフォリオ1冊（A3サイズ、枚数自由）、パネル1枚（A1サイズ縦）、制作物・模型を会場に展示した。
審査委員4名は9:00～12:00の間、会場を周り出展者1人ひとりから話を聞いた上で3点票4票と1点票4票の投票をおこなった。
各審査委員の投票終了後に集計結果をもとにファイナリスト8名を選出する議論がおこなわれた。

2次審査 ■投票集計結果　　F＝ファイナリスト

	ID	氏名	赤松	神谷	大西	村上	合計
	2	杉崎奈緒子					
	6	中村清美					
	12	相原ふたみ					
	13	藤田涼子					
F	15	商靖頴	1	3	3	3	10
F	16	森香織	3	1			4
	17	石井杏奈					
	18	加藤有紀子					
	21	上田純里				1	1
	22	安倍桃子					
	23	宮内佐和					
	27	山下莉歩		1			1
	28	永曾あずみ					
	29	大石茉由佳			1		1
	30	辻尾緑				3	3
	31	前田京美					
	33	内田彩季					
	34	延原真由香					
	35	佐藤あやな		3			3
	36	桑山絵美子					
	37	和田栞					
	38	石井三保子					
	40	藤代江里香				1	1
	41	鈴木理咲子					
F	42	野口この実		1	3		4
	43	山田真由美					
F	44	加藤千恵	3	3	1	3	10
	45	大西真由					
	46	木下美紀				1	1
F	47	西川令花	1	1			2
	51	村崎友里恵	1		1		2
	53	坂上真緒					
	56	陣内なつ実					
F	59	大園咲子	1		1	3	5
	60	藪由香					
	62	野崎江里					
F	64	植村洋美	3				3
	66	森有希					
F	67	白鳥恵理	3	3	3	1	10
	68	宮野綾			3		3
	73	稲田桃子					
	75	柴田美里					
	76	榊原宏代					
	77	西崎友美					
		3点票合計	12	12	12	12	48
		1点票合計	4	4	4	4	16
		総投票数	16	16	16	16	64

FINAL

FINAL PRESENTATION>Q&A>>FINAL DISCUSSION

2次審査を経て選ばれた多彩な8作品。
ファイナルではこれら8作品のプレゼンテーションから始まり、最終ディスカッションを経てデザイン女子No.1、No.2、No.3及び特別賞を決定した。

日時
2013年3月14日　13:00～17:00
審査委員長
赤松佳珠子 (ＣＡｔ パートナー)
審査委員
神谷利徳 (神谷デザイン事務所)
大西麻貴 (o+h)
村上心 (椙山女学園大学 / 大学院　教授)
司会
橋本雅好 (椙山女学園大学 / 大学院　准教授)

デザイン女子No.1 決定戦 2013　ファイナリスト

ID47	西川令花	椙山女学園大学	「どたばた！ひがしやま」
ID64	植村洋美	武庫川女子大学	「炭坑の唱歌 - 去来する筑豊の姿 -」
ID16	森香織	芝浦工業大学	「床下の小宇宙 - 地域に根ざした通学路の設計 -」
ID42	野口この実	神奈川大学	「紡ぐ」
ID59	大園咲子	九州大学	「つかず、はなれず。」
ID15	商育恵	慶應義塾大学	「永安里的変化」
ID44	加藤千恵	名古屋芸術大学	「森を、想う。」
ID67	白鳥理恵	慶應義塾大学	「過疎ノ手 - フローティングユニットによる沿岸部過疎地域への物資支援、活性化 -」

PRESENTER

47 椙山女学園大学
西川 令花

どたばた!!ひがしやま

PRESENTATION

現在東山動植物園(以下東山)では体験プランを進めています。見るだけから体験、体感する展示へ変わり新しい動植物に生まれ変わりつつあります。しかし再生プランは建築のみに重視するものばかりです。もっと動物個人に着目し、愛着を持たせることで東山をより楽しめるはずです。現在、東山には紙媒体とデジタルデータによる紹介資料があります。全部で5種類あり、全ての分析をおこなうと園内地図、動物の名称、学術的説明しかなく面白味に欠け東山に対する愛着がわきません。
そこで私は従来の地図・小難しい動物の説明ではなく東山の動物個人に着目したストーリー漫画を創りました。東山の再生プランはいわば観光拠点化が目的です。そこで漫画アニメによる観光効果の実例を挙げていきます。アニメ"けいおん"では滋賀県豊郷小学校がモデルになっています。訪れるファンに対し町おこしがおこなわれています。今日、日本全国で漫画・アニメのモデルとなる現地にファンが訪れる現象が起きています。漫画と東山、これら二つを合わせることで東山のオリジナルな魅力を発信できます。
制作過程について説明します。まずストーリー構成の主題として東山の日常を調査します。
同居するキリンとダチョウ。たまにアクロバティックに動くコアラ。お家を脱走しちゃうニホンザルなど、東山の動物達の平和でたまに事件がおこる日常。
登場キャラクターの性格は動物の行動を元に設定しています。
現地取材・飼育員さんへのインタビュー、公式ブログやファンのブログを元に調査をしています。
また私自身東山で、4年間アルバイトをしています。従来の紹介物には記されていない注目してほしいスポットを取り入れます。お客さんに教えたいスポットを選びました。人間のように東山の動物たちが日常のドタバタを繰り広げる物語にします。
次に制作について説明します。
キャラはリアル過ぎない絵柄にすることで漫画ならではの自由な表現が可能です。動物が認識しづらいので動物別でカラーにします。また移り変わりが単純なのでコマの背景に色を付け、舞台が東山とわかるよう、東山のシンボルである"スカイタワー"を書き込みます。必ず見開き2ページ内に、東山の背景を入れデジタル原稿としてカラーにします。
制作過程について説明します。
まずネームで流れを決め、下書きでコマ割りの確定をします。次に線を書き込み、背景に東山の舞台を取り入れます。色を付けることで動物、背景をよりわかりやすくし文字を入れ、完成です。また各話の終わりには話の元となった情報を紹介するページを載せます。
東山に来たことはある人にはもちろん来たことのない人にも楽しく東山の予備知識を知ることができます。

今回の制作物を1巻と表記したのには理由があります。
東山は日本で最も多く動物が住む動物園です。つまり住民の数だけ物語が生まれ、ドタバタへと広がるのです。今後2巻以降への続く展開を期待し始まりの1巻として提案しました。さあ、あなたも東山のドタバタのぞいてみませんか?

Q&A

赤松: 動物は最も種類がいるということですが、1度、全てキャラクター化はしてみたりはしましたか?
西川: しておりません。
赤松: そうすると割と最初にコアラっていうのは全部を見た上で1番キャッチーなところにまず目を付けたということですか?
西山: 東山動物園自体がメインの動物をコアラと置いているので東山の見物としてコアラを主人公に設定いたしました。
赤松: 最初の構想からインタビューとか調査とかはあるとしても、ある程度制作し始めてからどれくらいの期間がかかっていますか?
西川: 構想は半年、バイトは4年間行っています。その知識を4年、構想は半年、制作はだいたい1ヶ月〜1ヶ月半でおこないました。
神谷: 漫画というかイラストは、プロ級の腕があるように見受けられますがこれは何かどこかで習われていたのですか?
西川: 絵を描くことが好きで小学校の時からデジタルで絵を描いていたので、デッサンは習っていたのですが、これは独学です。
神谷: 実際に東山動物園はかなり代替的にリニューアルされ、建築ばかり注目されてとの話がありましたが、その後の東山動物園に対して、名古屋市に対してこれを活動に応募していこうとか思っていらっしゃるのか、そういった計画はありますか?
西川: 現在はそういったお話は全く進んでおりません。
しかし今のそのコアラの餌代はとてもお金がかかっており、支援して頂いた方にコアラの動画しか送れていなかったりするのでそういったところに載せることができれば良いなという思いはございます。

PRESENTER

64 武庫川女子大学
植村　博美

炭坑の唱歌
—去来する筑豊の姿—

PRESENTATION

皆さんは真っ暗な中、キャップライト1つの光を頼りに洞窟を歩いたことはありますか？蒸むした高湿度の中、重労働したことはありますか？この間やさっきまで話し合っていた仲間を一瞬のうちに失ったことはありますか？

2011年5月に元炭鉱労働者である山本作兵衛の炭鉱記録画及び記録文章679点が我が国で初めてユネスコの世界記録遺産に登録されました。ユネスコは彼の絵画には当時の生々しさや臨場感があると評しています。日本における石炭産業とは我が国の発展を伝えた礎であり後世継承されるべき出来事の1つです。私自身、地元であるこの筑豊の地のイメージが悪く、18年間生きていたのにも関わらず大嫌いでした。しかし、彼の絵をみて今の日本を支える礎であったということに気づき、この作兵衛の作品を展示するミュージアムを考えました。

このような記憶を後世に語り継ぐために今まで数多くのミュージアムが建てられましたが、表面上のデータを伝達するにとどまるものが少なくありません。私はミュージアムとは現代に生きる私達が時空を超え歴史という大きな物語に触れ、驚き、悲しむことができるものだと考えます。そこでコンセプトを紙芝居のようなミュージアムとし、作兵衛の絵画でみられる当時の生々しさや臨場感をよりドラマチックに来場者に見せる建築を目指しました。

敷地は福岡県の旧三井田川鉱業所跡地です。皆さんも聞いたことがあると思いますが、炭鉱発祥の街であり筑豊炭田地域の1つです。かつて使用された竪坑櫓と2本の大煙突のみが取り残されたように当時の姿をとどめています。

配置と景観について説明します。炭鉱の内部構造の特徴として、地表から地下へ潜り込むような変形をしていました。そのため筑豊河川の炭層は北北西から南南東へ15度から20度の傾斜で走っています。開口方向は炭層に沿って掘り進める「斜坑」と地面垂直に掘り進める「竪坑」があります。それらは切羽という採炭現場に対し左右対象の構造をもっています。以上の特徴を踏まえ建築のボリューム操作、並びに動線計画をおこなっていきました。配置は既存の竪坑櫓より炭層が流れている北北西から南南東へのグリッド、東西グリッド、更に河川のシンボルである香春岳のラインを引っ張り計画を進めています。そして地下30mから傾斜15度のボリュームが地表へ隆起します。傾斜20度のボリュームが山に突き刺さるようになっています。これは作兵衛作品を展示する場所です。これらのボリュームは地表の山層を反転させ、地表に表わすことで私達の視覚に炭鉱の存在を訴えかけます。

次に内部について説明します。研究、ヒアリング調査で炭鉱空間について15項目、生活空間については10項目、全25項目の炭鉱の記憶の空間要素を把握することができました。空間そのものの記憶と空間から派生した記憶に分類できて後者の多くは鬱積感と臨席感からほとんど形成されていることがわかります。作兵衛の絵画にみられる生々

しさや臨場感はこれにあたると考え、内部の展示空間では感情を光と影のレイヤーで表現しました。500のボリュームを炭鉱にみたて、採炭するように円弧状のヴォイドを開けてずらし、20度の傾斜で少しずつずらしながら積層します。すると暗い場所や明るい場所ができ、それに応じて作兵衛の絵画を展示していきます。

建築のシークエンスについて説明します。まず既存の博物館より地下に行きます。博物館から描く約30mの薄暗いスロープを下り、アプローチしていきます。すると地下30mを下る階段が現れます。地下に潜る途中にかつての坑道の断面を臨むことができます。次に祈りの空間へ移動します。真っ直ぐスロープを上ってくると祈りの空間にいきます。ここは約10万人無くなった人々の名前を刻まれる空間になります。そしてまた地上からの光が差し込み、地下からの高さを感じることができます。違う道を通り、元の大きくボリュームが開いた場所に戻ってきます。展示空間に移ります。ジグザグと登っていき作兵衛の絵画を臨みます。

Q&A

村上：途中で炭鉱の空間の記憶、心象を計画したという説明がありましたが、それをどのようにデザインに重ねたか例を挙げてもらえますか？

植村：はい。実際に年代は90歳から60歳まで実際炭鉱のなかで働いた方々のお話を聞いたのですけども、感情に黒いものと白いものの両方があって、グラデーションかかっているというか、濃淡を感じました。それを光と影の重層で表現しようと思い、1500のスラブにヴォイドを開けて、それを少しずつずらしています。すごく狭い場所が現れたりだとか明るい場所が存在したりしています。辛い気持ちは暗く狭い場所で表現していて、仲間達と生れた絆だとかは光が入る場所にしています。

大西：卒業設計に対する真摯な思いが伝わってきて悩みながら重ねてきた態度が作品に厚みになって表われているなと感じました。美術館というものが何か作品を展示するというものではなく、元々あったことを私達が体験として感じられるような美術館の在り方ということを提示している点も良いと思いました。

植村：記憶というものは本来ならば体験した人が直接伝えていくべきだと思うのですが、それができなくなった場合によりリアルのものを美術館でどう来場者に見せるかということを考えました。

PRESENTER

16 芝浦工業大学
森 香織

床下の小宇宙
―地域に根ざした通学路の設計―

PRESENTATION

私の地元千葉県袖ヶ浦市は緑豊かなのどかな場所です。

私が子供の頃は秘密基地を作ったり、隣の家の庭で遊んだり、道に生えている植物の特徴を自然に学び、遊びを自分達で考え、教科書だけでは学べないことを見つけていました。しかし現在、子供達が外に出て街を練り歩く姿を見なくなりました。この原因としてよく取り上げられるのが学校の閉鎖化です。放課後に校庭で遊べなくなったということもありますが、私は住宅地にも問題があり、隣との交流を自ら妨げるような塀やフェンスがあることで町全体が外に出づらい雰囲気になったということもあのではないかと考えています。そこで目には見えない敷地境界線に注目しました。

提案についてです。敷地境界線自体はすごく曖昧なものです。境界を可視化するためにフェイスや塀が建っていますが、曖昧だからこそもっと使い道があるのではないかと思います。そこを小学生の通学路として新たな機能をもたせます。学校外、隣との交流を取り戻し街の活性化につながるものとして再提案したいと思います。

操作についてです。ＧＬラインから上になっている塀を浅く掘り下げることで、分断されていた空間が所有地を分けつつもつながりをもつようになり、今まで使えずにいたライン状がある程度使えるようになります。またアイレベルが1段下がっていることで、そこを子供が通ってもプライバシーが守られます。子供は住民から見守られながらより地面に近い目線で歩くことで毎日新たな発見をして家に帰ることができます。

設計手法についてです。まず私が昔、通っていた通学路を再度歩いてみて山道や畝道、どぶの溝を歩いたり、コスモスのトンネルをくぐったりなど、自分が子供ながら魅力に感じていた要素をピックアップします。次に街の子供達にアンケートをとり、現在の街では何が必要とされているのかを調査していきます。

更に今回は小学校に近接する7街区に絞り、その場所の特徴を何度もサーベイを繰り返しピックアップしていきます。そしてその特徴を辿るようにルートを決定します。ルート上には子供スケールの小さな小屋から大人の集まれる集会場を設計していきます。アンケートで出てきた子供達が望んでいる機能を組み、私が昔魅力を感じた要素を建築の空間のヒントとして設計しています。

プランについてです。この計画では広い範囲からクローズアップしていき最終的に子供達が何を得て学んでいくのまでを設計してあります。全体計画では今後このような通学路が広がっていくことも視野に入れ小学校を取り込んだルートを計画しました。

1/100のプランです。この街区ではおしろい花の 近くに小屋をつくり女の子がおままごとをしたり、吉田さん・小出さん家の間にはＧＬから40ｃｍ下がった広めの堀でバーベキューができるようになっています。街の集会場では大人だけでなく、小学生の野外授業や劇の発表もおこなわれ地域の人々との交流もあります。道路には子供用の横断歩道や歩道橋が架けられています。集会場・子供のための小屋、既存住宅には地上の大人空間と地下の子供空間が重なり、大人と子供の見る・見守られる関係があります。1番小さな小屋は屋根までの高さが150ｃｍ程度でＧＬラインから120ｃｍほど離れた部分に建っているので、結果的にＧＬから出ている部分が30ｃｍ～40ｃｍの高さになっています。そこは大人にとってのベンチにもなり子供だけでなく大人も使える仕掛けになっています。子供達は地下や階段、梯子を使って大人空間にひょっこり顔を出します。地下では植物の根っこを観察したり、蟻の巣が見えたり沢山の発見があります。このように子供達は新たな通学路を通り教科書だけでは学べないことを自然に見つけ成長していきます。子供たちが街を駆け回り住宅地に活気が戻り、私の地元がもっと良くなっていくことを願います。

Q&A

赤松： 高さの設定と幅の設定をどういう風に考えてつくったかを模型とかで説明してもらって良いですか？

森： 例えばカミツリグサという50ｃｍくらいの高さの植物があるのですがそれは普通に歩いて見ていると上からの目線でしか見えなくて、他の植物でも小さい細かい粒がたくさん集まってできていてもっと低い目線で見たほうがそういうなんていうか植物に対する1つひとつの通路は一番幅が広いところで150cmから広場があるところだと2ｍくらいになっています。階段教室みたいに子供が何人か集まって発表したりとか秘密のが会議ができるスペースもあります。

赤松： 大人も通って良い場所ですか？

森： 基本的には大人は通らないようになっていますが、バーベキューができる位のスペースが作ってあります。あと、花壇が道に架かっている場所は、大人にとっては腰かける所にもなります。

大西： この街全体がガラッと変わっちゃうような提案だと思うのですよね。例えば仮に新しい家がこの場所に建つとした時、その家の建ち方自体も変わるのではないか？と思ったりもするのですが、そういうことに対する考えとかはありますか？

森： 今は私が生まれた時から既にある家だけを拾って提案してあります。でもこれから先ここに移り住んでくる人もいると思うし、また新しい家を建てる場合もこの街全体をこういう計画としてあることが私の願いであってそれを……

村上： 例えば1軒が立て替えるという計画だとしたら、どんな違う形態や配置になると思いますか？

森： 今の計画では例えば台所の窓から道が見下ろせるだとかそういう風に感じで計画してあるので、大きな子供の広場になっているところでは、その家の庭や縁側がだんだん広がっていくような感じになると思います。

PRESENTER

42 神奈川大学
野口 この実
紡ぐ

PRESENTATION

1人に頼るよりみんなで分かち合った方が良い。便利でスムーズなシステムだけど人と接して初めて得られるものがある。人とのやり取りが心を豊かにする。それはどんどん広がり、世界を丸くする。
近年モノづくりの現場はその過程を見せず、無表情な大きな箱の中で完結してしまいます。生活も1つの部屋の中で完結できてしまいます。かつてモノづくりは生活の中にありました。生活は部屋からはみ出し、人は何気ないあいさつや会話、出会いなど目的の間の時間に支えられているのだと思います。モノづくりの中にある1つの目的を日常の中に織り込みたいと思いました。
敷地は群馬県桐生市です。桐生市は緑や川に囲まれ自然豊かな所で織物の街として発展してきました。ノコギリ屋根の形をした織物工場をはじめ街には様々な年代の建物が今も息づいておりその街並みが伝統的建造物保存地区に認定されました。ノコギリ屋根工場は北側採光で安定した光を取り入れます。中ではガチャガチャとジャガード織機の音が響き渡ります。こういった街のなかで街の人は歩行者天国にしてお祭りや街のイベントを楽しみます。その一方で後継者不足や空き家、空き店舗の問題を抱えています。その中で若者を中心に街おこしなどを行ったりしている様子が見受けられますが、そういった若者に向けた集会作業をできる場所が無いと感じました。
絹織物は分業をしてそれを買い継商人という人が継ぐことで1つの織物を作っていました。こういった桐生の街に1つのやり取りを継ぐモノづくりの場をつくります。建具で建築による内と外の関係を与え、人の動きによって表情を与えるものの集積で建築をつくりたいと考え、身近にあって人が寄り添うその間を繋ぎたいと考えました。
草木は織物の染料にもなり四季の移ろいを多様に変化し間に彩を与えます。
機能計画についてです。織物をする場と先染めに使う草木がある空間とモノづくりに没頭できる場を計画しました。
建具についてです。建具は建築に表情をつくり多彩な交流のきっかけをつくります。建物に奥行きを与え家具化します。建具の素材は周囲の長屋の建築にならってトタンや木材、ブロック、擦りガラス、アルミサッシなどを取り入れそれらのパッチワークをします。草木についてです。人が草木に寄ってきます。四季によって変化し、春には人は色とりどりの草花に囲まれ広い原っぱで花見をしたりします。夏は建物と建物の隙間の庇の下や木陰の下で涼みます。秋は少し離れた所から紅葉を楽しみます。冬は雪が積もり整然した景色を楽しみます。こういったものを植栽計画として建物の間に詰め込みました。真ん中辺りの少し開けたスペースには春や冬の草木を配置します。ぐるりと周辺の茶色い部分には秋の草木を配置し、周辺の民家によって崩すことのできない塀をギャラリーに見立て芸術の秋を楽しみます。夏は建物の狭い隙間の部分に草木を配置します。
1つひとつの建物は縦長の屋根ですが、ノコギリ屋根のような形になっています。
染色場の2階は染色したものを乾します。染色場は2重の構造をとっており外と内が多様に変化します。既存の建物をリノベーションしてつくったイベント会場ではジャガード織機の新しい音楽が生まれるかもしれません。その先に見えるモノづくりの現場に人は足を踏み入れこういった風景を楽しみます。
外をつくることで内ができ、内の動きが外をつくる。このような建築で内と外を繋ぐ建築を建て、街におけるモノづくりのやり取りや人とのやり取りの大切さを伝えたかったです。

Q&A

神谷：できるだけトタンとか木材とか擦りガラスとかそうゆう現存の中に継接ぎのような形の新築で、改めてディテールを使おうという意図ですね。トタンや木材・擦りガラスの調達はどんな風にイメージをされていますか？それとあと、一般の人達や観光客とか織物に興味がある人達とかそういった方達の動線とこのアトリエの人達の工房との関係や工房サイドの方の動線をどういう風に考えているかをお聞きしたいです。

野口：はい、まず資材の調達の仕方ですが、基本的には建具の枠でつくっていきます。周辺家屋に沢山空き家があるので、そういった所から建具とかを取ってきて繰り返して自由に使えるようなことを想定しています。動線はイベント会場からモノづくりに興味の無い人が入ってくるという話はしたのですが、例えばすごくモノづくりが好きでここに住み込みたいという方は空家があるのでそこをまたリノベーションして住宅のようにします。塀にすごく小さな扉が今もあるのですが、昔は従業員の人がそこから入ってきて織物をしていました。そのような感じでモノづくりの人が入ってきて織物をします。
北の方に群馬大学工学部や工業高校の染色デザイン学科があるのでそういった人たちが放課後にこちらにでてきて実習をしたりします。また周囲にも織物工場があり、後継者とか居ない状態なのでそういった所の人達がボランティアでここで作業をして、そこで若者と高齢者との交流があることを期待しています。

村上：これは公共施設ですか？誰がお金をだすのですか？

野口：考えているのは市を中心としています。運営はお年寄りの中でやってくれるのを想定しています。

PRESENTER

九州大学
大園 咲子
つかず、はなれず。

PRESENTATION

人と人との距離感とは人は誰かと一緒にいたい時だって離れたい時だってある。そんな人が感じる距離や距離感や領域のためにキッチンやリビングなどの空間を共有しながら暮らすのではなく距離を隔てながら暮らす女子寮の提案です。

従来空間は壁によってしきられ隣人との関係は希薄になりました。そのような状態からキッチンやリビングなどの空間を共用しながら生活するシェアハウスが登場しました。

現在シェアハウス利用者の7割が女性といわれていますが、そこに住む女の子がだれかと一緒にいたいと感じるときも1人でいたいと感じる時もそこには誰かが生活し、自分の居場所の選択は難しいのでしょうか？

私自身も集まって住むということを考えるとき他者とつながるためにと住むために登場したシェアハウスのように部屋の一部を共用する住宅のあり方に疑問をもっていました。人は誰かといつも一緒にいたいのではなく時には1人になりたい時だってあります。そんな人が感じる複雑な距離感や領域に着目し、人と人が距離を隔てながら住む住宅のあり方を考えながら設計を進めていきました。

ダイヤグラムです。距離感、領域、以上のような女の子特有の距離感のために空間を共有することを考えるのではなく壁3枚、ランダム開口、高さの異なるスラブ1枚を基本ユニットとし空間を構成します。壁×3+穴+四角。1枚のスラブが挿入されることによって近すぎず遠すぎない新しい領域をつくります。高さや大きさの異なったユニットの組み合わせによって私にとって机になったり、あなたにとってロフトになったり、大きな四角はみんなの机になります。個室空間ではスラブの高さの操作によってスラブがロフトや棚、机として多様な機能をもちながら距離を隔てていきます。スラブの大きさや形態の操作により人と人との距離、領域を生み距離を隔てます。

プランです。大きさが異なるスラブ、つまりみんなの机が6個存在します。また中庭が点在しており、生活の様子が溢れ出します。また、分節と連続の間に様々な地形が生まれます。至る所にイレギュラーな一部を入れ込んで小部屋のようになっている部分は空間のパースペクティブを揺るがせます。女子が他者との関係や距離の図り方に敏感であることから離れていながら繋がっていることによる自由な距離の選択と必然性の両立がみられます。

ここで女子寮での生活を覗いてみましょう。朝、人々が起きて活動を開始します。中庭では洗濯物をする姿。寮の中に設けられた託児所には子供たちが朝、大勢やってきます。お昼、みんなの机でお昼ご飯を食べます。このみんなの机では人は他者との距離を選択しながら居場所を見つけていきます。夕方、玄関からはみんなの机が目の前の視界に広がります。みんなの机は外部からも視線が通るように配置されています。中庭で洗濯物を取り込む人々。夜、ロフトから下に広がる空間。近すぎず遠すぎずそんなつかず離れずの女子寮の一日が終わります。おやすみなさい。

Q&A

大西：1人になりたい時もあるっていうのが強くプレゼンテーションの中で出てきたのですが、私にはむしろこの生活は開けっぴろな人じゃないと住めないのではないかいう風に感じるのですが。普通のシェアハウスだとキッチンとかは共有するけども個室は個室で借りて1人になりたい時は個室に行くことができますよね。そういう風ではないので、あなたがお考えになっている1人になりたいときもあるというのはどういう感覚なのかなっていうのが知りたいなと思うのですけども。

大園：シェアハウスだと個室に入れば1人になれるのですけども、女子寮は1つの部屋の中に4人とかが住んでいてキッチンも共有なのですが、部屋に戻っても結局4人一緒に居るという現状があります。そうではなくて個室はレベル差を設けて同じ視線の中に入っているけども離れていて近いっていうのをやりたいと思っています。

村上：ご自身は女子寮で3人や4人で寝た方が良いと思われているのですか？それとも個室があった方が良いと思っているのですか？

大園：完全な個室ではなくて、やはり集合して住んでいるので完全な個室ではなく、少し開いたようなところで、でも1人でワンフロアを住むっていうことが良いと思っています。

赤松：ベッド部分がやはり繋がっているように見えるので、それが1人になりたいと言ったときに完全に閉じている空間ではないのだけども、もう少し距離感をとれる、閉じているという感じが出てくるとよりリアルにわかるのかなあと。1人になりたいっていっているときのシチュエーションがいまいち伝わってこないのかなあという感じがあるのですが、どうでしょう？

大園：一応ここが1人の個室の空間なのですが、ここはガラスで区切ってカーテンなどで仕切るという風に考えているのですけども。

赤松：ここじゃあ、仕切っている？

大園：はい。

赤松：カーテンね。でもそう言われちゃうとどこでも仕切れるって言えちゃうよね。

村上：そうだな。

赤松：だからカーテンで仕切れますはこの提案で言うときに言ってはいけないことではないか？と。

PRESENTER

15 慶應義塾大学
商　堉穎
永安里的変化

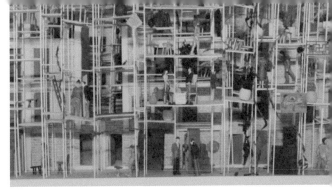

PRESENTATION

中国の上海に存在する、"里弄"という名前の集合住宅を現在の建物の様子と生活する人々の双方をセットでコンセプトにしたいと思い、リノベーションを考えました。

対象敷地は上海旧市街の、「しせきたご」という道の近くです。
現状のプランは均一的ですが、実際に行ってみると洗濯物や人々の家具が溢れ出ていて、とても均一的な空間には見えません。私は子供の頃に、この敷地のすぐ近くに住んでいました。子供の頃はこのような里弄の家が多く建っていましたが、中学生になるとビルが多くできてこのような家がどんどん無くなっていく現象が見られました。1980年代までは上海の人口の約6割以上が里弄に住んでいました。しかし現在では住宅の高層化によって里弄が残っていても商業化をしてしまい、元の人々の生活が見られなくなってきているという現状があります。

そもそも里弄が建てられた時代は大家族で住む時代でした。7つの部屋が1つのユニットとして建てられています。しかし、現在は1つの大家族が都心に住むことは珍しく、空室率が上がっていることが問題です。そこで真ん中の階段室の部分を切り、7つで1つのユニットだったところをすべてバラバラの個に分けます。そこに切ってバラバラになったジャングルジムのような鉄骨のフレームを挿入しました。鉄骨のフレームの挿入の仕方は、まず床レベルを分けます。階高は2600でスキップフロアは1200です。240の蹴上にして1周の螺旋階段になるようにしました。そして同じレベルの中で更にフレームを分けていき、住民が自由にそこにステップを架けていきます。1つの分け方によって色々なステップの架け方が考えられます。住民が採光や床面積などを考えて好きに架けていくことができるようになっています。その場所は階段兼パブリックの生活空間となっています。元は何もなかったところに生活感が出てきて図と地が反転したようになります。本当は7つで1つだったユニットから人の集まりや子供の集まりや趣味による集まりが滲み出し、外にも現れてきます。

具体的に当事者になったつもりで考えました。ヤンさんという人はこの敷地の中に3つの部屋を持っています。
自分の仕事場から自分の寝室を通って自分のベランダへ行く間に、例えば今日は隣のチョウさんの家がフロアを張り替えているのでそれを手伝います。また作品展示会に出会ったり、いつも井戸端会議をしている2人に出会ったりします。時にはお隣さんの屋上パーティへの参加もあります。溢れ出る生活感が残されていくような変化が他の場所でもおこなわれることを願っています。

Q&A

村上：これはどういう人が入居されるのですか？一方で周辺開発が進んで一見快適な最新性のマンションが建っているわけじゃないですか。これらに住む人はどんな人ですか？

商：住む人はまず第1に現状住んでいるお爺さん達が住むということに加えて、新たに住む人は例えば今中国では大学を出ても、普通のマンションはかなり高騰しているのでそれを買えない若者が多く出ています。彼らを対象にすることを加え、またこのような近い関係でコワーキングスペースのような距離感に少し似ているのでそういうことを求める若い芸術家なども対象に考えています。

村上：高齢化している、ここに住んでおられる方の何か配慮はありますか？
例えばあの階段を歩いてこられない人もいる。そういうのはどうですか？

商：そうですね。ここも元々の階段はかなり急な階段でして、その階段を全て壊して240ずつの螺旋階段にしてあります。

大西：すごいスマートで魅力的な提案だと思いました。ただこの鉄骨の部分はこれが綺麗なのかどうか、というのがちょっとわからないなぁというところがあって。これはもしかしてもうちょっと素でも良かったのではないかと思ったりもするのですがスタディの過程でこの鉄骨部分は何か別の可能性とか、っていうかどういう風にスタディされましたか？

商：最初は間の階段もかなり急で暗くもあったので間を切ってしまうことは最初に決めたことでして、その間に何を挿入するかはずっと考えていました。この1個前は階段を繋げていくことを考えたりもしたのですが、ここに行き着いたのはこの路地から生活感がにじみ出ている感じがこの場所の特徴だと思ったので、それが少し醜くとも最大限に拡張できるものを考えたときに階段なのに半分部屋のようなもので多く外に出したいなと思いこれにしました。

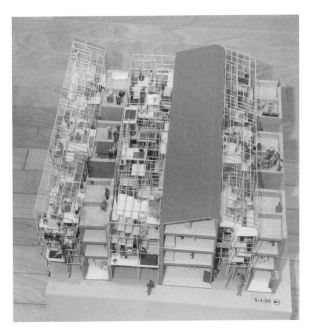

PRESENTER

名古屋芸術大学
加藤　千恵
森を、想う。

PRESENTATION

都会と森をつなぐ1本の木。倒された木は捨てられた木です。なぜ使われないのでしょうか？

森の状況について説明します。今から70年ほど前に日本で多くの木が切り倒し、苗木を植える政策を政府がおこないました。木が成長し緑が生い茂り、土に光が入らなくなってしまいました。これでは木は成長せず土も死んでしまいます。そこで細い木を定期的に切り倒して土に光が入るようにしました。これが捨てられた木、間伐材です。

間伐材は歪みがあるため加工することがとても大変です。お金にもなりません。捨てることしかできないのです。もう1つ日本の森の大きな問題があります。

私達、日本人が年間使う木材に対してそのうちの日本の木材は約4割くらいです。何故このようなことが起きているのかというと、今外国の木はとても安くなっています。農業のPPTの話がありますが、林業は遠い昔にPPTははずされてしまっており、外国産の木が日本の木より安くなっています。これにより起こる問題があります。日本は杉と桧が多く植えられており根がすごく浅いです。使われなくて放置されてしまうと土の層が弱くなってしまって土砂崩れが起きます。毎年夏になると土砂崩れが多いのはそのためでもあると言われています。

日本の木を使うこと。このことを少しでも多くの人に知ってもらいたい。都市の人に伝わってほしいです。しかしこの問題はなかなか難しく、山の実際は見られない、実感が湧かないことが現実です。私はその中で可能性はどこにあるのか模索しました。

森と私の活動記憶を紹介します。私は0歳の頃から父が林業をやっており、山の中で育ちました。幼い頃から父の林業の姿を見ながら山の中で育ってきた私にとって木が共に生きていることは日常でした。去年の夏に機会があり都市の子供を山へ連れて伐採体験をし、作品作りをしてもらいました。山でしかできないこと、多くの思い出をみんなでつくりました。より山という存在を直に感じてもらうことが森のことを伝え易いと実感しました。秋に木の生態、山との関係をより知るために森の中に入り観察をしました。伐採時期の検証や木から水が抜ける期間等自ら触れて実験を繰り返しました。山に近い木の形をどうデザインに入れ込むか。この活動が冬まで続きました。

形の意味についてです。山に放置されたほとんど使われない木の上部を使用します。木をそのまま使うことで森の記憶を残します。そこに加工された形があることで自然物感を際立たせます。人工物の中にある都市の中と森をつなぐようなイメージを形にしました。使用方法です。ころころ転がすことで高さが変化し、用途が変わります。転がすことで木とふれ合い、年輪の発見を促します。

3つのタイプがあり、タイプによって使われ方も性格も異なります。本当の記憶を残す。木が加工され、木材になっていくために木が生きていたという記憶はほんのわずかです。製材加工されているものと原木を組み合わせることでより自然物感を際立たせ、子供たちにダイレクトに伝えます。断面の年輪にはその木自体の1年1年の記憶が層になっており、南向きであったり、節があったり、その木自体の人生がそこに詰まっています。各都市の街に溶け込んでいく。子供達がスツールを使ってころころ遊び始めます。子供が進んで遊ぶ姿から親はどのような家具に興味を持ち、ほんの少しだけ森と近づくことができます。強度についてです。木の太さボリュームに対して皮の厚みをそれぞれ変えています。細い木には細いボリュームを、太い木には太いボリュームを丸太は皮から水分を抜かしていくため、側面部分の細部が縮んでいきます。そのため板との接合部が弱くなります。この対策として金具を打ち込んでいます。

1脚1脚の個体はつなぐことで1本に戻ります。1脚から、全体から森の記憶を辿ることができる家具が出来上がりました。木は私達と共に生きていた木材の前に生き物であったということが都市の人にほんの僅かでも伝わることを望みます。

Q&A

神谷： すごくプロダクトとしては完成された良いものができていると思います。原木の話は大変よくわかったのですが、原木の集成材の樹種といった選択に関してとか、集成材とした意味だとかその辺りというのはどのようにお考えでしょうか？

加藤： 座面の所は原木と同じ桧の素材です。間伐材を使っています。その間伐材は節が多く、現場によって枝の切った部分が節になるのだよっていう発見を子供達としたことがあるのでそういうことが伝わるように間伐材を使っています。両側で挟んでいる脚は生産性を考えていて1つの形で全ての両側の形ができるので生産性を上げています。

神谷： 厚みの違いとかは何でしょうか？

加藤： 1度プロトタイプを作ったときに太い木で薄い厚みのものをつくったら、子供達が軽いと感じたようで持ち上げたり、重たいのに使い方が危険だったので厚さに関しては厚いものをつけてあげることで見た目にも重いということがわかるようにしました。

PRESENTER

67 慶應義塾大学
白鳥　理恵

過疎ノ手
—フローティングユニットによる
沿岸部過疎地域への物流支援、活性化—

PRESENTATION

フローティングユニットによる沿岸部過疎地域への物流支援活性化の提案をおこないます。現在日本過疎は市町村の45％ですが国土の大半を占めており、高齢化や農村・漁村の引き継ぎ、跡継ぎ不足、荒廃といったいろいろな問題があります。そもそも都市と過疎地域はどのような違いからそのようになってゆくのかというと、都市にはマスコミ、学校、工場などが各地域にあり、お互い関わりを持てるのですが、過疎地域はそのような機関が無いためにコミュニケーションが内部に詰まってしまっており、なかなか過疎地域同士も関わりを持てないという現状があります。過疎の地域にも農村と漁村とがあります。

過疎地域と聞くとみなさんは農村を思い浮かべる方が多いと思うのですが漁村の地域も多々あります。農村は広い田んぼが沢山あり、その地域に離れて家々が存在しています。漁村は個人による営業に対して山の合間の狭い空間に密集するように住宅が並んでいます。漁村のそういう形態も団体創業であるために結びつきが強いというのが1つ言えると思います。私が対象とするのはその結びつきといったそういうものを考える沿岸部の地域こそのものを生かして活性化できないかということを考えました。

今回調査したのは静岡県南伊豆町。

沿岸部の過疎地域なのですが、4つの場所を主に選びました。

メインで選んだのは妻良というすごく美しい景色が広がっている初めて訪れた過疎地域です。空も広く海も青い。しかし人の気配は全く感じられず、ここを調査したとき会ったのは1人、2人くらいで本当に寂れた印象を受けました。このような過疎地域でも過疎に対する取り組みや人を集めようという意思はあり、夏にマリンスポーツや水上アスレチックなどを設置して人を集める努力はおこなわれており、活性化する意思は感じました。

私が提案するのは沿岸部の過疎地域を繋いでいくことで、フローティングユニット海上交通を利用した物資の活性化の支援です。沿岸部過疎地域を漁船でフローティングユニットが必要と、絞ったユニットを並行していって過疎地から過疎地へと物資のバトンリレーをおこなっていきます。そしてその1個のユニット達が堤防伝いにくっついていって群れをなして1つの建築となっていきます。そしてこのような過疎地域同士の結びつきができることによって、過疎の人達の結束力がでて大きな活性化をする繋がりをつくって都市との関係も徐々に持っていけたらいいのではないかと思いました。フローティングユニットの繋がりですが六角形であるのは6方面にくっついていくという点で考えたところがあります。幅が13mあるのですが、それらがくっついていくことによって接続していきます。必ず2辺の辺が接するということをまず決めて、それらのユニットを中心にボリュームとなるものではなく、中心軸からずらすことによって組み合わさったときに空間に変化を持てるように工夫しました。狭くつくったり、広い空間だったりして、少しユニットに方向性を持たせることで空間に変化ができます。断面方向ですが少し斜めにすることによって庇空間ができたりします。劇場は人を呼び集める過疎地にしかない環境の要素を取り入れた提案をしています。見せたい部分があって開口を押し下げたり、開口を開けたりしてその劇場の要素によって客席のユニットが入ったり、一面フラットのユニットが入ったりして用途によって床面を変えるようになっています。他にも商業を乗せた5つのユニットがあります。それぞれ何が入るとかではなくてそれぞれがその場所と状況に応じて使っていくという提案にしています。

このように小さなユニットたちが回っていくのですが医療や商業といったいろいろな用途・物資を乗せたものがあります。それぞれ1週間に1度回ってくるものであるとか、劇場であれば1年に4回回ってきたりして周期が決まっています。1年に1度ではない定期的な支援をおこなっていくと考えています。

必ず過疎地に形を馴染ませるということではなく、あえて対立的な形をとることによって過疎地域を活性化させていきたいなあと考えています。

Q&A

村上：陸上の建築物をつくるときと比べて建設コストと維持コストがどのくらい違いますか？

白鳥：海上にできるのでコストはかかると思うのですが、過疎の地域に1ヶ所1ヶ所に対処していくより同じものを利用して海上を周ったほうが効率的であり、コミュニケーションも生まれるのではないかなと私は思います。すいません、コストに関して具体的にはわからないです。1つのものを複数で使った方がいいのではないかと思います。

大西：これはどうゆう風に運営されているのかなぁというのが1つ疑問で、何かジプシーみたいな人達がここにずっと住んで移動しているようなものなのか、どうゆう風なイメージですか？

白鳥：これは主に手段であるっていうのが1つあって、漁村地域の人達が引っ張っていってその地域に持っていくのを繰り返して…

大西：それは、貸集会場が回ってくるみたいなイメージですか？ということはここに建物が来て何かを使うにはそこの漁村に人達がやらないといけない？

白鳥：あ、いやそうではなくて物資を運んでくる際に一応、人が乗って来ているというイメージになるですが…1つのユニットを経営するのに、その場所を移動するのは漁村の人達が場所によって運ぶという形をとっていて、一応誰かしら営業する人に入ってもらうという形にはなるのですが。

赤松：1つの場所でいくつくらいのユニットがあるとそれなりに完成した場ができると考えていますか？

白鳥：その本当に日によってやってくるユニットが違うのですけども、常にだいたいある数としては6から7くらいの数が滞在していることを想定しています。

FINAL DISCUSSION

橋本（司会）：デザイン女子No.1を決定するディスカッションの方に入っていきたいと思います。No.1からNo.3に相応しいという作品について各審査委員からまず発表して頂いて、それから票の割れ方を想定しながら、上位3つを決めたいと思います。その最初の3つには、票の重さは関係なく発表して頂きますので、それを踏まえてディスカッションに入りたいと思います。村上心さんから、3つを発表して頂きたいと思います。お願いします。

村上：はい。大変、難しい決断でございましたが、番号を申し上げたいと思います。67番、44番、15番、その3つを選びたいと思います。

橋本：次は大西さん、よろしくお願いします。

大西：素晴らしいプレゼンテーションありがとうございました。魅力的な提案が多くて驚いています。ここに選ばれなかった方々でも、すごく面白い提案がたくさんあったなという印象でした。3つ選びます。67番の白鳥さんと44番の加藤さんと64番の植村さんを選びたいと思います。

橋本：神谷さんいかがでしょうか？

神谷：はい、みなさんお疲れ様でした。それでは3つ、15番、44番、67番の方。

橋本：赤松さん、お願い致します。

赤松：はい。本当にいろんな幅がある提案が並んでいて、非常に選ぶのが難しかったです。実際にプレゼンテーションをしてもらうと全然違った意味で色んなことが見えて良かったと思います。ちょっと実は結構悩んでいますが…67番、44番、64番で。

橋本：はい、ありがとうございました。割りとみなさんの意見は、集中したところがありますが、とりあえずこれから上位3つを決めます。まずは票が入ったのが4名なので、この中から上位3つを選んでいきたいと思います。その前に、西川さん、森さん、野口さん、大園さんの4名に一言、お話をしておきたいという審査委員の方がもしいらっしゃいましたらいかがでしょうか？

村上：感想で良いですか？

橋本：はい。

村上：私としては例えば、42番野口さんは模型によって暗い的な、人間を研究しているという迫力については、大きく評価しております。良い作品だったなという印象があります。それから大園さんかな？この作品も空間構成の面白さは非常に際立った特徴を持った提案で素晴らしいなという気がしています。

橋本：他はいかがでしょうか？

大西：そうですね。16番の森さんの敷地境界を越えていくという提案は、あれ自体が、新しいインフラというか新しい道みたいなものなので、色々な可能性を開いていくのではないかと思います。そういう意味では、発展可能性がある提案かなという風に思いました。野口さんの提案も模型を見た時から、大変魅力的だなと思っています。中を覗くとすごく暗さというか、木陰の感じとか、光と影の感じというのがすごく魅力的で、本当に実現するのではないかなという風に思いました。あと59番の大園さんは、空間そのものがすごく魅力的なのですがそれを女子寮ということによって、本当は持っている面倒な問題をかなりキャンセルしているというところがあったと思います。私は1人になりたいとか、そういうナイーブな問題ではなく、あの形が引き寄せる力強い住まい方のあり方の提案の方がありえたのではないかなという風に思いました。

橋本：はい、それでは、神谷さん。

神谷：デザイン女子ということで、どちらかというとインテリア、建築ということが多かったと思います。僕は、47番の東山動物園のアニメはこれがこういうコンテストの中だと、異色のように思えますが、デザインという大きな幅の中で新しいジャンルだと思いました。かなりお客様目線というか、市民目線のもので、手段がすごく良いなという風に思いました。それから、森さんの通学路の床下の商業空間も面白いと思いました。実は、長野県の飯田市で床下という同じような概念で、街の消防として昔に大火があった時に、延焼を防ぐための細い通路のようなものをつくったところを今、デザイン的に細い路地の裏の世界線という、街おこしをしているところが

〈表〉上位3名の投票（1人3票）

氏名	西川	植村	森	野口	大園	商	加藤	白鳥
赤松		○					○	○
神谷					○		○	○
大西		○					○	○
村上					○		○	○

あります。段差をつけてやるとかという考え方というのは、おしゃっていましたように街づくりのすごく新しいプランの考え方で、すごく面白い風に思いました。街づくりの考え方も、コミュニティーとか、地域の活性化とか、そういう目線で語られるというのがあるのですが、ある意味それは優等生的な切り口でもあるのかなという風に思える傾向がどうしてもあります。それを否定的に見るのではなく、ポジティブに見れば良い考え方があるという風に思います。今回も街の隙間に対して同じような計画がいくつかありました。先程の女子寮のように集合住宅での他人との関わりを立体的あるいは平面的に考慮しているという、切り口が違うものがいくつかありました。そういう形の中で街づくりとか、女性の概念とかも反映されていくと、非常に面白いことが出来てくるのではないかなと思います。行政とか、街づくりに具体的に反映されていくような時代がきっと来るのではないのかなと、僕は感じがしました。以上です。

橋本：はい、ありがとうございます。赤松さんお願いします。

赤松：私も47番の東山の作品は個人的に大好きなので(笑)必ず東山動物園の背景を入れ込むとか、地道に組み立てられているなと思います。デザインはただ単に絵を描くとか、形をつくっていくとかだけではなく、バックにどれだけものが詰まっているのかは絶対出てくることだと思います。そういったものが積み重なっていった上で、わかりやすく表現するというのは"デザインする"ということの本質的なところで、きっちりとやっているのではないかなと思っています。16番の通学路、森さんですね。正直、最後の最後まで悩んでいました。面白い着眼点だと思います。隙間のところに埋め込んでいったものが、逆に地になって、次のものを変えていくというような未来に向かって、ちょっとずつの変化がある。それがどんどん場所を変えていけるだけの時間とか可能性があるのではないかということを感じさせてくれる良い案だったなという風に思います。

橋本：ありがとうございました。では票が入った4人の中で話を進めたいと思います。全員の票が入った白鳥さんと加藤さん、この2つは上位の3つに残るということにしたいと思います。これはよろしいでしょうか？
(全員頷く)

橋本：続きまして3つを選んだ中で1番押すのが入っている可能性もあると思います。商さんの方にいれて頂いているお2人に押すポイントであるとか、他の方でも質問があれば商さんに対して少し議論をしたいと思います。

神谷：既存の建物に対してのリノベーションというところですね。そこに住んでいる人達が観光客や商業が発達しすぎて裏原宿のようなすごい人通りになっている中で、ここに住んでいた人達というのは居心地が悪くなったのではないかなという感じもしました。自分の近くの古い風景というものが失われていくことに対しての新しい現代の解釈でのリノベーションというところを、実体験を含めてのものだと思いました。こういう考え方は日本にもあると思います。そこをぜひ応援をしたいなと思いました。

橋本：はい。では、村上さん。

村上：建築というものが建物とか物をつくっているものではなくて、環境を構築していく中で、そこの土地の中にある歴史的な背景・文化的な遺産といったものをいかに検証していくかというような点がとても重要だと考えています。実際、上海に僕は、1年くらい訪れていましたが、すごい勢いで再開発が迫っています。それも上海だけではなく世界中で起こっていることだし、過去数十年起こっています。たぶん建て替えたら価値が上がるけれど、それを建て替えないで価値が上がるのだという、難しい課題に商さんがチャレンジしたという考えのスタートの方向性を評価したいと僕は考えます。これは商さんにとってプラスになるのかわかりませんけど、説明の機会は与えたい。このリノベーション部分、透明な部分の1階部分がどのような空間になって、どういう風に使われる想定をしているのか？というのを具体的に説明して頂きたいです。状況としては、柱が下りてきているのがうるさい感じがします。そこにどういう魅力があるのかということについてお願いします。

商：この柱は700×500のグリットで落ちるようになっています。基本的には1400×1000くらいの人が通れる幅が空いており、下の通路はなっています。現代の中国では多くの電信柱に色々貼ってあるのですが、ここでも小さな広告が柱や柱の間や床に貼ってあったりします。また1階は高齢者が多く住むことにもなると思います。1階の上のフロアが少しずつ掛かっていることになるので、1階で立っている人とそこから1200高いフロアの人との視線が合わせるようになり、階段から出てきた人と1階に立っている高齢者が会話できるようにしています。

村上：1階のファンクションをコマーシャルなものに転移をする可能性だとか、あるいは1階部分に外部の人が自由に出入りするよう

な可能性はないですか？
商：外部の人が入ってきても、入ってこなくてもどちらでも良いという風に考えています。フレームの中に何が入ってくるかは、住民の意思に委ねていこうと考えていました。

赤松：鉄骨のフレームのところは基本的には外部空間ですか？
商：3メートルのところと5メートルのところがあるのですが、そこは元々内部空間でした。
赤松：全部ガラス？
商：いえ、上だけです。
赤松：というと完全にもう外っていう…。割りと雨が降ったりすると、下まで雨が…。
商：そちらはそうです。
赤松：ってことになってきますよね。
商：はい。
赤松：そういった意味では、少し具現的で気候が良い時はすごく気持ち良さそうだし…。この辺は気候的にはどんなところなの？上海だったら結構寒くなりません？
商：日本より少し暖かいくらい…それ程は変わりませんね。
赤松：暖かい。雨は降る？
商：雨は日本とあまり変わらないですね。
赤松：変わらない。なるほど…。イメージが逆に外だからこそ伸びやかさがあると思う反面、完全に外だとなかなかそこまで思ったように使われるのかなというのがちょっと気になりました。あと住民の人に任せるというのは、床がみんな欲しいから全部床を埋める人がどんどん出てきてしまうと、下の人が真っ暗闇の中で過ごすこと

になりえないですか？
商：そういう意見もありましたが、私が考えたこととしては、1つの決まったかたちを私が提案するのではなくて、ある程度のフレームを提案してその中で住民が決めていくという感じで。
赤松：そうなっていくと、もうちょっとルールみたいなものが…。例えば、自分の前の家のユニットに対しては50％までは床を張って良いですよとか。全員が同じところに50％ではなく、こっちにやったりとなっていくと思う。そのくらいのルールがないと、みんなが床を張っていっちゃうのではないかなと思う。全部つくって提案するのではなくても、ちょっとだけルールを決めてあげることでもう少しリアルになっていくのかなという気がしたので…。

橋本：はい。もう1人の植村さんの方で、赤松さんと大西さんが投票しています。まずそこに関してのコメントを頂ければと思います。

赤松：強い思いがあると思いました。しかしプレゼンテーション的に見て、思いが強いあまりに建築の方が伝わりにくいというところがあったと思います。せっかくなので結局どこから人がやってきて、どういう空間体験をするのか、建築の説明をしてください。
植村：別館として博物館があるところにジオラマ展示みたいな展示があります。そこの地下からアプローチして30mのスロープを渡ります。ここが自由ラインになっていて、そこから4m下がったレベルに到達します。そこから地下まで30m落ちていきます。全ての地下空間を鉱道が走っていたので、降りていく時に断面として穴を見ながら、一旦は1番下まで行きます。その次に囲炉の空間になっています。そこまで120mくらいの緩やかなスロープを歩いていき

ます。
こっち側に（模型を指しながら）道と水盤があり、5mくらいの差があります。鉱道は地下深くに掘ってあるので、水が沸いてきます。水を汲むだけの仕事をしている人達もいて、体験としては鍾乳洞を歩いていくようなイメージです。ここは上に慰霊碑があります。地下を掘っていき、ここに来た時に深さ35mの穴が空いていて、空の光を見ながら亡くなった純愛の方を追悼します。それから折り返していきます。その際にスラブを少しずつずらしているので1番下に光が微かに透過して残っています。その微かな光の元へどんどん歩いていきます。
そこを出てきた時に、大きく四角い正方形のホールがあって、空を覗くことが出来ます。そのあと1500の高さのスラブが傾斜20度に沿って15層分積層していき、その中をスロープでジグザグと進みます。ジグザグしていく中に、山本作兵衛さんの絵画展示がされています。絵画越しにかつての筑豊の姿を見た後に、一度外を出ると現在の断層が見えます。地下空間でジグザグ上がってきた道の最後が高台になっていまして、現在の筑豊の町並みを覗くことが出来るということになっています。

橋本：はい、大西さんいかがですか？
大西：色んな要素が入っていて、足し算的に出来ている建築だと思います。そういうものが説得力を持って感じられるというのはやっぱり彼女が悩みながら、積み重ねてきた時間みたいなものがこの作品から感じられるからだと思います。歴史的なものというか、そういうところがすごく良いなと思いました。

橋本：ありがとうございます。もし今の商さんと植村さんのお話を聞いて、票が今、2：2に分かれていますが、変わるというのはありますかね？
（全員票の変化は無い）

橋本：変える感じはないですかね…。だとしたら提案ですが、まずこの4人を残して、1、2、3を決めていきたいと思います。4番目は特別賞になりますが、まず4つの中で1番を押して頂いて、上位から決めていこうと思うのですがよろしいですか？
赤松：44と67の2つは解決済みになりましたか？
橋本：そっちを先に決めますか！わかりました。商さんと植村さんの方を1人限定するというところを決めたいと思います。今のやり取りを踏まえて、もう一度票をいれて頂きます。村上さんの方から言って頂ければと…
村上：伺ってもう心がグラグラしていますが、やっぱり商さんを押してこうかなと…
橋本：ありがとうございます。それでは、大西さんお願いします。
大西：私は変わらず植村さん。
橋本：それでは、神谷さん。
神谷：商さん。
橋本：赤松さん、最終投票をよろしくお願いします。
赤松：どうしましょうかね。変わらずというと結局こう硬直している感じがしますが…。私は前と変わらず植村さんですかね。
橋本：ありがとうございます。2人の話も聞いてもらいながらご判断して頂いたと審査委員長の赤松さんが投票されたということを踏まえて、植村さんが残るというかたちにさせて頂きます。ここで西

川さん、森さん、野口さん、大園さん、商さんの5名が特別賞ということに決まりました。おめでとうございます！
（会場拍手）

〈表〉上位3名入り決定の投票（1人1票）

氏名	植村	商
赤松	○	
神谷	○	
大西		○
村上		○

橋本：それでは次の段階にいきます。この流れでいきますと、植村さんと商さんが票の分かれがありましたので、3位ということになると思います。加藤さんと白鳥さんが満票入っています。審査委員の方から最終投票する際に聞きたいことが何かあればいかがでしょうか？

村上：加藤さんに伺いたいのですけども。これをどこで実際に使ってもらったのでしょうか？

加藤：保育園とかで実際に使ってもらいました。

村上：うん。その時に自分が想定していた範囲以内の使われ方と想定外の使われ方が観察できたと思いますが、どういう風に子供達が使っていたのかということを具体的に教えて下さい。

加藤：私は転がすということを想定していましたが、積み上げることを最初に始めました。大きな積み木だよねと言って積み上げて。1番上に登って、お姉ちゃんと同じ目線になったと言われました。あとは、ここに穴が空いているので穴同士で覗き合いとか…。トンネルのように使うというのが発見でした。

赤松：これをつくってそういう風に子供達に実際に使ってもらって、次はこういうことをやってみたいというイメージはありますか？

加藤：使ってもらう場所を考える…

赤松：というよりは新たなアイデアの発見などで。

加藤：自分がこれからやりたいのは1本に繋がることをベースとして、あの柄の形を変えていきたいなと思っています。実は強度がまだ弱いところがありますが、それをこの合板1枚で作ってみたいなと思います。あと、年輪部分の強度を考えているのですがそれ以外にも年輪をちゃんと残して強度を考える方法がないかというのを模索していきたいなと思っています。

橋本：はい。他に加藤さんに対する聞きたいことや確認したいことがございましたら…

赤松：ちなみにそれ一脚いくらですか？だいたい作って、売るとして…

加藤：考えてなかった…

赤松：そっかそっか。（笑）

村上：これまで色んなデザインで色んなものをつくられてきたと思います。そういう過去のツールのデザインのヒストリーの中で、間伐材を使った非常に良い作品だと思いました。例えば形態だとかあるいは支え方、そういった過去のツールのデザインの歴史の中でどのように位置づけますか？できれば答えて頂きたい。

加藤：難しいですね。

村上：もうちょっと簡単に言うと、自分のアイデアを出すときにヒントになったようなツールというのはありますか？

加藤：あの最初の試作の時は、名前が…名前が出てこないのですが。

村上：取り消しますか？

加藤：でも丸みのあるデザインが自分はすごく好んでいます。本当はかっこいいデザインが好きですがつくるデザインは丸みのあるものが多いですね。そういったこのアールも自然と出てきたものでした。子供達と一緒に気持ち良いねとか言って触るのがすごく…。去年とかに作った課題も丸みがあるものがすごく多かったですね。

橋本：ありがとうございます。それでは、白鳥さんの方に参りたいと思います。どなたかいかがでしょうか？

大西：それぞれのショップや劇場といった必要な機能はどういう風に決められたのですか？

白鳥：調査したときに過疎地に無かったものを入れました。美容院とか医療。そういう過疎地に無いものをいれて併合していければという感じになります。

赤松：何か素材や材料のイメージはありますか？

白鳥：外壁はスチールを入れています。シルバーにしたのは過疎地というのは空も海も綺麗なので…そういう外部の環境要素を跳ね返したり、取り入れたりするような素材を考えています。

橋本：他はいかがでしょうか。

神谷：六角形じゃないですか。基本的にそこが最大の売りだと思う。上の六角形の建物に関してはある意味フリーに考えられていると思

います。あと、その上にどういった形のものを乗せるのかというところだと思いますが、今の白鳥さんの売りの重きところと言えば、この六角形がやっぱり売りなのか？あるいは、その上の部分のスチールでつくった現代的な近未来的なデザインが売りなのか？どちらの比重が大きいのかな？

白鳥：いくつかスタディーをして六角形になりました。どっちも同じくらい大切だと思います。この上の部分もその土台に合わせてちょっと幾何外的な形をとっています。水面にあるので必ず若干揺れると思うのですね。ユニット同士が。その時に壁を斜めにすることによって、接する面積を角と角のところだけにする。ここに橋を渡したりすることで揺れを鑑賞するだとか…色々考えました。

村上：水面の下の形状と深さはどういう設計になっています？

白鳥：だいたい厚さが1800くらいあります。900沈んでいて、900浮き上がっている状態です。

村上：形状はどういう形をしていますか？

白鳥：形状は六角形そのままです。角を取るなり、置くなりというのはできたのかなというのはありますね。

村上：う…ん。でも動かさないといけないよね？

白鳥：はい。

村上：その引っ張りは、大変かなという気はしないでもない。

白鳥：あ、引っ張られる時の…

村上：そうそう。

白鳥：風の抵抗とかはすごくあると思います。まず敷地の土台を決める時に左右対称であるというのを必ずやっていました。円であるだとか、四角であるとか。そうじゃないと何でもすぐできてしまうので…。上に立っている建物も斜めになっていますが、引っ張られていったときに風の抵抗とかあると思います。斜めにしたりして風のことも一応考えてつくっています。

村上：1ユニットを1隻で引っ張れるイメージではない？

白鳥：あ、はい。そうです。

村上：一気に持っていくことはできないの？つまり組み合わせて使うわけじゃないですか？

白鳥：そうですね。それ一気に持っていくと…船の漁船の能力っていうか…

村上：なるほど。小さい漁船でも…

橋本：とりあえず質問等よろしいでしょうか。3名の中でデザイン女子No.1を決めたいと思います。審査員の方は1人1票を投票して頂いて、その票を読みながら決めたいと思います。せっかくなので、手短に3名の方に提案に対して思っていることや、自分の思いを発言して頂ければと思います。植村さんからお願いします。

植村：私が卒業設計で1番やりたかったことは、歴史や文化というものは人が創っていくもので1つひとつの歴史の中には、その人達のドラマがあります。炭鉱労働者に統一したミュージアムは、まだ日本にはありません。ただの公的文章だけが展示されていて、それでは本当に働いていた人々の生活や思いなどは継承されていかないと思いました。人の姿を伝えるような建築をつくりたいと思って卒業設計に取り組みました。

橋本：ありがとうございました。続いて加藤さん、お願いします。

加藤：先程このプロダクトから次はどうするのか？と聞かれた時に思いました。やっぱりここが自分のスタートだなと思っていて、森の問題はまだ解決できないことがいっぱいあります。このプロダクトから少しでも森のことが都市の人に伝わっていくことで、木って良いよねと思ってくれたらすごく嬉しいと思います。

橋本：ありがとうございました。それでは、白鳥さん。

白鳥：私も卒業設計する時にまず何をつくろうかって考えました。土地が荒廃しているとか、過疎地ができるとかそういうことを考えた時に、新しく建築をつくることにすごく抵抗がありました。仮設的な建築に興味を持ってつくりました。今、そういう建築が求められているのではないかなと思ってこういう計画をしました。

橋本：ありがとうございました。それでは、審査委員の先生方に心を決めて頂きたいと思います。よろしいでしょうか？それでは、植村さん、加藤さん、白鳥さんの中から、1つをお願いします。

村上：極めて難しい1つを言わないといけないと思います。まず植村さんに僕はお詫びをしなきゃいけない。ご説明を伺うまでは、なかなか空間の構成が読み取れてなくて、先程の説明を聞いて、相当深く構成や素材、光の加減、色んなことを考えて設計しているなということを感じました。これだけの大きな施設というのをどういう風につくって維持するかという問題はあるけれども、それ以上に説得力を感じました。加藤さんの作品についても、圧倒的な完成度。間伐材の姿の素晴らしい作品だと思っています。非常に社会性にも

訴えかけることもできるという意味でとても完成度が高いし、いくらで売るつもりですか？と審査委員長が仰っていますけど・・・たぶん安ければ、今日持って帰ろうと思っている…（笑）白鳥さんの作品は、漁村、農村、過疎というのを対象に説明されていますけども、都市においての過剰な施設、公共施設、住宅をどういう風に処理していくかという問題に真正面から立ち向かっていると思います。このアイデアは大きく評価できるなという風に思います。各々素晴らしい作品で、私としては非常に難しいです。1つ選ぶと言われたら僕は白鳥さんに1票入れたいと思います。

橋本：ありがとうございました。続きまして、大西さんお願いします。
大西：個人的な気持ちだけの問題だと、私は植村さんのプレゼンテーションを聞いて、すごく良いなと思っています。思いの強っていうのがすごく感じていて、きっと彼女は素晴らしい演出家なのではないかという風に思いました。あと加藤さんはプレゼンテーションを聞いて素晴らしいなと思いました。見た時には気づかなかった様々な積み重ねみたいなものが、プレゼンテーションから感じられて、素晴らしいなと。白鳥さんは見解の可能性にすごく魅力を感じます。様々な可能性が感じられるので、そこが素晴らしいと思いました。でもあえて1番を選ぶとしたら評価の基準が全然違うのでなかなか難しいですが、44番の加藤さんを選ぼうかなと思います。彼女は自分がやっていることの意義とか魅力を1番、上手く説明してたというか…自覚的だったのではないかという風に思ったので彼女を押そうと思います。

橋本：続きまして、神谷さんお願いします。
神谷：僕も植村さんのお話を聞いて大変よくわかりました。作兵衛さんの話が1番最初にあって、美術館の話なのに模型がすごく遥か超えたところまであったので、わかりづらかったのですが美術館の部分も良くわかりましたし、他の施設の関連もよくわかりました。加藤さんに関しては、普通にただこれを課題としてやっていれば、そこまでの苦労はせず同じ厚木でつくるだろうなというところが、制作の少しリアリティーなところまでが実際に制作の段階で改良された。僕が1つすごく良いなと思ったのは、間伐材が突き刺さっているところの集成材が全体に突き出ているところで微妙にアールに膨らんでいるというか。本来なら横をくっ付けるように面で仕上げて、なるべく横の隙間がないようにするのに、あえてぽこってさせ

ているところ。ちょうど僕が回っている時に、なんでぽこって出ているの？という話をしたら、子供達がアイデアとして色々遊んでくれるんですという、そこがデザインという切り口だけではなくて、子供達のためになる環境、いろんな視点でやっているところが、細かい配慮があったなということで評価します。白鳥さんのは、例えば災害地の緊急医療施設になったり、あるいは物資の問題、仮設住宅といった過疎対策だけではなく、この概念だけを使えば無限の社会貢献になるというような、そういう建築の方向性が大いにあるということ。これも非常に捨てがたいという風に思います。その中で1つ選ぶのであれば、44番の加藤さん。これは、デザイン女子というコンテストの中でこの作品の完成度が非常に素晴らしく評価をすべきだなという点とプロダクトとしての完成度の高さにはすごく感動したというよりもびっくりするくらいのものだと思いました。以上です。

橋本：はい。ありがとうございます。それでは、審査委員長の赤松さんに投票して頂きたいと思います。
赤松：はい。そうですね…。非常に難しいですね。3作品とも何か建築をつくるとか、何か物をつくるとかと言ったことを組み立てるその意味というか、そういったものがそれぞれに深い考察がされていて、試行錯誤していて…自分がやっている建築とかプロダクトのことを考え続けたのだろうということがすごく伝わってくるのですね。振幅があったのだけど、最後にこうやって表れているということがこれだけ見えてきているので、審査委員全員が相当悩んでいるというのも伝わってくるし…それぞれが全然違うプロジェクトということなので、それぞれの意味があって、だからそういうところは…困ったぞ。どうしよう…。でも、どうしましょうかね（笑）わかりました。わかりましたって…。1人で納得して申し訳ありません。やっぱりあれですかね。本当にプロダクトの完成度がこう素晴らしいということと建築はなかなか現物をつくることが難しいというところを同率に並べてしまうところがデザイン女子No.1決定戦の面白いところでもあり、審査が大変なところでもあるので。そこのところは、去年も結構色々悩んだなーというのを、思い出しています。はい、では私も加藤さんのに入れたいと思います。

〈表〉 上位3名からNo.1を決定する投票

氏名	植村	加藤	白鳥
赤松		○	
神谷		○	
大西		○	
村上			○

橋本：ありがとうございます。赤松さん、神谷さん、大西さんが加藤さんに入れておりまして、村上さんが白鳥さんに入れております。多数決になっておりますが、3票集めた加藤さんを今年度のデザイン女子No.1に決定したいと思います。よろしいでしょうか？それでは、加藤さんおめでとうございます！

（会場拍手）

橋本：続きまして、デザイン女子No.2を決めたいと思います。1票が入っています白鳥さんになるかと思います。これもよろしいでしょうか？

それでは、デザイン女子No.2は、白鳥さん！

デザイン女子No.3が、植村さん。おめでとうございます！

（会場拍手）

橋本：プレゼンテーションから審査委員の方々のディスカッションを踏まえて、今年度デザイン女子No.1決定戦2013NAGOYAのNo.1、No.2、No.3、特別賞が決まりました！皆さん本当におめでとうございました！

（会場拍手）

出展作品一覧

デザイン女子No.1決定戦2013には総応募数82作品が全国から寄せられた。
応募作品中ここに並ぶ45作品が1次審査を通過し、会場にて展示された。

ID 02
慶応義塾大学
杉﨑 奈緒子
SUGIZAKI Naoko

ヒダ　―多様性が混在する集住―
名古屋の都市軸である堀川沿いに、人、歴史、自然が、互いの存在を感じ合いながら生活を送る空間を設計しました。この3つの要素は、途切れることなく帯状に広がる『ヒダ』の中に、混在しています。

ID 06
摂南大学
中村 清美
NAKAMURA Kiyomi

Transformation House
～災害時の急激な生活の変化に対応する為に～
過去の災害では避難所のプライバシーの確保等、沢山の工夫がみられたが更に被災者が自分に合った復興の形を選択できる状況が必要ではないだろうか。選択肢の一つとして復興へのプロセスがシンプルな計画をめざした。

ID 12
女子美術大学
相原 ふたみ
AIHARA Hutami

山庭校庭小学校
小学校とは、地域最大のコミュニティである。しかし現代の小学校は犯罪の増加などで閉鎖的になっている。山庭のような形状で周辺に開かれた小学校を計画し、地域社会が小学校に関心を深め活気を取り戻す設計をした。

ID 15
慶応義塾大学
商 培穎
SYO Ikue

永安里的変化（えいあんりてきへんか）
開発で消えていく上海の集合住宅「里弄」の建物と生活感の両方を後世に残したい。大家族向けを「個」に分解し、再構築する。階段・通路・生活空間となるフレームの上に住民が自由にフロアをかけ生活が展開する。

ID 13
東北大学
藤田 涼子
HUJITA Ryouko

末期の徒渉
"死"とは何か。どこからが"死"なのか。まだ"生"が残っているかもしれないその肉体にその最期の人生を自ら歩いてもらいたい。息を引き取ったあとの、その人の残りの人生を最期まで描く葬送空間を提案する。

ID 16
芝浦工業大学
森 香織
MORI Kaori

床下の小宇宙
〜地域に根ざした通学路の設計〜
地元に明るさを取り戻したい。隣家との交流を妨げている敷地境界上のフェンスや塀を凹型に浅くり、住宅街を駆け巡れる小学生の通学路を提案。地上の大人の世界に見守られ、下にはキラキラした子供の世界が広がる。

ID 17
工学院大学
石井 杏奈
ISHII Anna

京島の軌跡 −活きる路地空間−

東京の東側には現代の東京が忘れ去った重要な空間のテーマがある。墨田区京島は迷路のような回遊がある路地がある。強烈な場の迫力と、地域が自らを進展させようとするエネルギーがある京島の共生空間の試み。

ID 21
千葉大学
上田 純里
UEDA Juri

余白の家
- 工場跡地の余白にできた家と家の余白になった家 -

2008年の世界恐慌以降、増え続ける空き工場の周りに集合住宅を建設し、建設後空き工場は解体され工場の形を残したヴォイドとなる。都市のネガティブな要素としての空きをポジティブな空きとして提案する。

ID 18
椙山女学園大学
加藤 有紀子
KATO Yukiko

mt palette

マスキングテープの柄を見せつつ、大量収納できるマスキングテープ専用ケースです。

ID 22
工学院大学
安部 桃子
ABE Momoko

fool on the hill

アーティストのはじまりのはじまりをつくる野外ギャラリーノマドのヴィレッジという矛盾を築く
路地コミュニティと見過ごしてきた出会いを新たなカタチで形成
自由気儘に歩き予期せぬ出会いと出会う

ID 23
三重大学
宮内 佐和
MIYAUCHI Sawa

あたらしいまちの駅
自然に囲まれた田舎のまちの「たまり空間」となる、道の駅とJRの駅を併せたあたらしいまちの駅を提案する。川を挟んだ二つの敷地に建物を配置し、二本の橋で結ぶことで、外部空間も含めて駅という空間を創出する。

ID 28
椙山女学園大学
永曾 あずみ
EISO Azumi

空という建築
私たちの頭上にどこまでも広がる空。空は開放感を与え、広がりを感じさせ、刻々と表情を変え、見る人の心を動かす。空は人々に感動を与える存在である。そんな空のような、人に感動を与える建築を創りたいと思った。

ID 27
岐阜市立女子短期大学
山下 莉歩
YAMASHITA Riho

包飾一輪
花への関心が薄い若者を対象に一輪挿しのパッケージを考案。親しみやすいデザインと「デコ」を取り入れることで、オリジナリティが高いものを作ることが可能。パッケージから花器と特別な装飾に変形できる所も特徴。

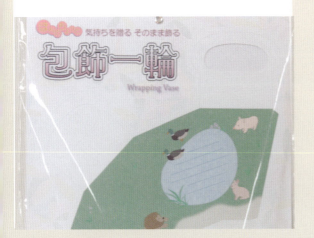

ID 29
奈良女子大学
大石 茉由佳
OISHI Mayuka

萃点を灯す
―春日奥山から未来への文化継承の地―
春日山原生林―ここはある問題を抱えた原生林である。そこで春日大社の式年造替のサイクルに檜文化を組み込み、必要最小限の建築的行為による初期微動を与えることで、未来への文化継承の地を提案する。

ID 30
大阪工業大学
辻尾 緑
TSUJIO Midori

萌芽の景

虐待などによって心に傷を負った子どもたち。彼らのための建築とは何なのか。感受性を育める建築こそが、今必要なのではないだろうか。余地を孕み着くずすような建築は、空間ではなく彼らの居場所になっていく。

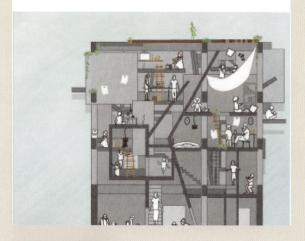

ID 31
京都大学
前田 京美
MAEDA Kyomi

子森綺譚

都市に住むこどもたちはなかなか自然とふれあうことができない　かつて人々のいこいの場であった里山はいまや荒れ果てている　名古屋という都市にこどもえんを計画する　森を守り森に守られ成長するこどもたちの物語

ID 33
九州大学
内田 彩季
UCHIDA Saki

Split Wall

空間を分割する壁。壁を割き、押し広げることで隙間が出来る。この隙間のある斜めの壁を拡大すると、下にいけばいくほど壁が開き人々を受け入れ、公共性が高くなる。垂直方向の開閉を1枚の壁からつくり出す。

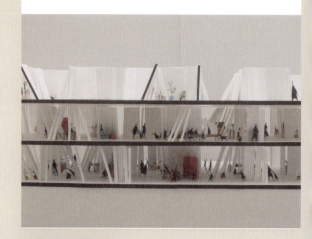

ID 34
奈良女子大学
延原 真由香
NOBUHARA Mayuka

水土の郷

かつて人里の自然湿地であった渡良瀬遊水池は、大規模な土木工事によって人工湿地へと変化した。豊かな自然環境を維持するため、土木構造物を基盤として人の生活を戻し、土木と人と自然の新たな関係を創る。

ID 35
明治大学
佐藤 あやな
SATO Ayana

small pivots

大人になったら会社に行って結婚して子供をつくってマイホームを買って幸せな家庭を築く。そんな人生が夢見られ普通だった時代から50年が経った。持ち家制度から漏れてしまう人たちを担保する賃貸住宅を設計する。

ID 37
工学院大学
和田 栞
WADA Shiori

塔がつなぐ情景

都市のなかでネガティブな存在となっている墓地を地域のアイコンに変換する。日常のなかの非日常空間。人の記憶と都市の記憶がねむる。人々の憩いの場所ともなり特別な場所ともなる。都市公園のような葬祭空間。

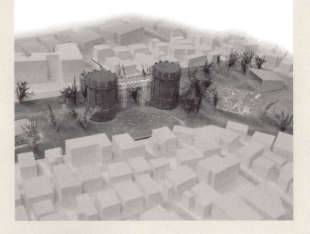

ID 36
金城学院大学
桑山 絵美子
KUWAYAMA Emiko

DANBOOO HOUSE

段ボールは古紙100%であり、リサイクル可能なエコ材料である。ECOな遊具として、無駄のない設計、積層による強度の高さと美しさを利用し、段ボールのイメージを覆した木の祠の様な曲線を立体でデザインした。

ID 38
秋田県立大学
石井 三和子
ISHII Miwako

狼煙アガル

愛知県常滑市。かつて「土管の常滑」と称されたやきもののまちである。昭和49年の排出規制により、まちからやきものの生産は消滅したが、このまち特有の原風景は生き続けている。今、新たな狼煙がアガル

Design Girls Championship 2013 NAGOYA

ID 40
芝浦工業大学
藤代 江里香
FUJISHIRO Erika

創造のパラドックス
永続的繁栄は遂げられなかった工業地帯は余り、無人島の最南端に再び自然が創られようとした。城南島海浜公園、ここに「捨てる機能」と対をなす「生み出す場」として浜辺のアトリエを計画する。

ID 42
神奈川県大学
野口 この実
NOGUCHI Konomi

紡ぐ
目的の間にある人とのやりとりを日常に織り込みたい。人の動きで表情を変える建具で建築をつくり、人が寄り添う草木でその間を繋ぐ。刻一刻と変化する動きを建具の建築が紡ぎ、桐生の風景を織りなしてゆく。

ID 41
椙山女学園大学
鈴木 理咲子
SUZUKI Risako

周遊する舞台
鳥取砂丘。砂と空と海と緑。美しいその風景にさらに歴史と環境という重みを付け加えたい。この土地の強いコンテクストと向き合って、さらに深く鳥取砂丘を感じる事の出来る建築を提案する。

ID 43
椙山女学園大学
山田 真由美
YAMADA Mayumi

Memorial　Denture
〜乳歯と融合した義歯の提案〜
現状の義歯に対して、
メモリアルという付加価値を与える。

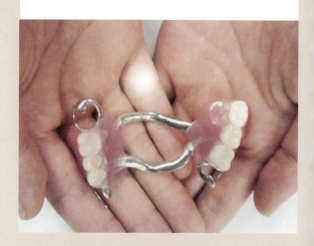

ID 44
名古屋芸術大学
加藤 千恵
KATO Chie

森を、想う。
木が生きた証とはなんだろう？私たちと同じように年を重ね太く大きくなった木を、まちなかで感じることの出来るように、このスツールは生まれました。全身を使っておもみを感じられる。森と人を想うもの。

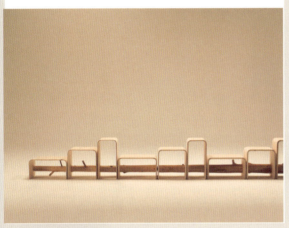

ID 45
立命館大学
大西 真由
ONISHI Mayu

ものづくりと生きるまち
工業集積地帯において、働く場と住む場の関係を再構築し、地域の町工場のネットワークを構築する。まちの空白をつなぎ、垂直に伸びる建物で完結するのではなく、面的に広がり町全体をつないでいく。

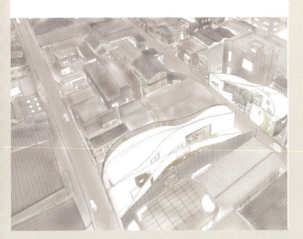

ID 46
昭和女子大学
木下 美紀
KINOSHITA Miki

巡る
宇都宮市森林公園のダム湖内に交流施設を設計。灌漑用ダムの赤川ダム湖。農業過程に伴う水位変化が建築の表情をも変える。施設へ舟を出す事で水辺に親しむ機会の少ない栃木県民の新たな交流空間となる事を期待する。

ID 47
椙山女学園大学
西川 令花
NISHIKAWA Reika

どたばた！！ひがしやま
もっと動物個人に着目し、訪れる人に動物への愛着や親しみを持たせることで、東山動植物園を100倍楽しむことができるのではないでしょうか。東山動植物園が舞台のマンガを制作しました。

ID 49
椙山女学園大学
近藤 礼菜
KONDO Ayana

まなびのほとり
学ぶことが
教えることが
楽しくなる森

ID 53
実践女子大学
坂上 真緒
SAKAGAMI Mao

今日のできごと
〜渋谷川再計画〜
東京都渋谷区には渋谷川という川が存在する。現在渋谷川沿いはビルが建ち並び薄暗く、水も乾き、決して綺麗といえる川ではなくなってしまった。そこで、渋谷川の再計画と、街の居場所となるような計画を行った。

ID 51
前橋工科大学
村崎 友里恵
MURASAKI Yurie

擬態する様相
わたしはけんちくを、すまいを、考えたいのではない。家族を考えたかった。家族があつまることは、利便性や効率の話だけではない、特別な感情が含まれる。そして家族を考えることが、すまいを考えることに繋がった。

ID 56
九州大学
陣内 なつ実
JINNAI Natsumi

切って、開いて、共有する
「切って、開いた、みんなの家—。」敷地は福岡市早良区高取の公務員宿舎跡地。北にはソフトバンクホークスの本拠地である商店街があり、高取に住みたいと考えている女性の世帯主のための"地域に開いたシェアハウス"を提案する。

ID 59
九州大学
大園 咲子
OZONO Sakiko

つかず、はなれず。

人と人との距離感とは。一緒にいたい時だって、離れたい時だってある。いつも一緒にいなくたっていい。そんな気持ちの時もある。空間を共有しながら暮らすのではなく、距離を隔てながら暮らす女子寮の提案。

ID 62
実践女子大学
野崎 江里
NOZAKI Eri

敷地力

敷地に根付く力を認め、敷地全体をイエとし集住することにより、人の生活や活動がイエに影響を与え身近に豊かな環境がつくられていく。敷地を見直すことにより、見守り合う関係がつられていくのではないだろうか。

ID 60
芝浦工業大学
藪 由香
YABU Yuka

よってけ堂
―雑司ヶ谷寺子屋計画―

様々な教育問題で学校の枠から居場所をなくした子どもたちのために、学習拠点の場をまちに浸透させていく。その地独特の坂道と路地を利用した生活空間に子どもたちの声を響かせることで、寺子屋の姿を蘇らせる。

ID 64
武庫川女子大学
植村 洋美
UEMURA Hiromi

炭坑の唱歌（ヤマのウタ）
―去来する筑豊の姿―

『紙芝居のようなミュージアム』が私の卒業設計のコンセプトです。山本作兵衛の炭坑記録画にみられる当時の生々しさや臨場感をよりドラマチックに魅せることができる建築を目指し、筑豊の人々に贈る作品にしました。

Design Girls Championship 2013 NAGOYA

ID 66
椙山女学園大学
森 有希
MORI Yuuki

ツバメと共存する公民館

実りをもたらすツバメがまたこの街で生まれ育ち、誉てのように賑わいのある街にするための第一歩として、人とツバメが共存する新しいカタチを提案する。

ID 68
実践女子大学
宮野 綾
MIYANO Aya

母の家

母は家に家族に縛られているのではないだろうか主婦と言う名のあるようで無いような職業　仕事は1年365日休まず続く「いってきます」をいうのが難しくなっていた「いってきます」を気軽に言える家をつくる

ID 67
慶應義塾大学
白鳥 理恵
SHIRATORI Rie

過疎ノ手
－フローティングユニットによる
沿岸部過疎地域への物流支援、活性化－

都市の日常は過疎地における非日常。都市では当たり前に享受できるサービスが、過疎地には不足している。沿岸部過疎地域を巡回し、支援し、活性化するためのフローティングユニットの提案

ID 73
実践女子大学
稲田 桃子
INADA Momoko

越谷市公園都市整備計画開

十年という年月を経て、人々の意識に登らなくなてしまった場所を、「こどもの遊び」という視点で掬い上げ、街の在り方、こどもの遊び空間の在り方、公園の新たな捉え方の再構成をした。

ID 75
椙山女学園大学
柴田 美里
SHIBATA Misato

歓喜と記憶の島

四日市市の石油コンビナートに唯一存在する第三コンビナートの人工島。この第三コンビナートを、記憶を留め新たな価値を生み出す「歓喜と記憶の島」へ

ID 77
千葉大学
西崎 友美
NISHIZAKI Yumi

庭径
－長浜再編のための記譜－

敷地に根付く力を認め、敷地全体をイエとし集住することにより、人の生活や活動がイエに影響を与え身近に豊かな環境がつくれられていく。敷地を見直すことにより、見守り合う関係がつられていくのではないだろうか。

ID 76
東海工業専門学校金山校
榊原 宏代
SAKAKIBARA Hiroyo

箱庭

貸し店舗による地域の活性化です。長久手市は点在する文化施設やリニモの赤字経営の問題があります。そこで様々な作家の作品が展示販売される貸し店舗を計画しました。スラブに箱を差し込んだ「繋ぐ場」の提案です。

デザイン女子 No.1 決定戦 2013　1Day

デザイン女子 No.1 決定戦 2013 では、1 日目に作品の設営・展示、シンポジウムと新たに学生委員による 2 つの企画を実施した。

プログラム　2013 年 3 月 13 日（水）
09：00-12：30　作品設営（出展者のみ入場可能）
13：30-20：00　作品展示
13：30-14：30　学生委員企画第 1 部「みんなの卒業設計・制作 座談会」
14：40-17：10　学生委員企画第 2 部「pre-Pre」
18：00-19：30　シンポジウム「設計の中で考えていること」
岩月美穂　studio velocity

学生委員企画第 1 部「みんなの卒業設計・制作 座談会」

学生委員企画第 1 部では出展者同士、学生委員、来場者の卒業設計・制作の意見交換を目的に座談会をおこなった。
本企画では 1 次審査通過者に卒業設計・制作に関するアンケートを事前おこない、当日にはその結果をもとに出展者本人から卒業設計・制作で学んだこと、感じたこと、工夫した点などを座談会方式で話してもらい、意見交換をおこなった。

学生委員企画第2部「pre Pre」

学生委員企画第2部では1次審査通過者の中から10名の有志を募り、ファイナルに向けてのプレ・プレゼンテーションをおこなった。プレゼンテーション終了後にそのプレゼンテーションがわかりやすかったかどうかを会場から評価・意見を求めた。全プレゼンテーション終了後には岩月美穂氏(studio velocity)と橋本雅好氏(椙山女学園大学生活科学部生活環境デザイン学科准教授)から講評を頂いた。

シンポジウム「設計の中で考えていること」　岩月美穂　studio velocity

岡崎にて建築家として活動していられる、studio velocityの岩月美穂氏に講演をして頂いた。
これまでの作品を実例に解説して頂き、学生を含む参加者達はstudio velocityの設計の考え方に触れることができた。

実行委員会・学生委員の活動記録

5月に学生委員を募り、11か月の間、ミーティングや準備をおこなっていきました。

実行委員と学生委員でミーティングをおこないました。

今後の予定を確認しました。

出展者と設営をおこないました。

当日の最終確認を控室でおこないました。

懇親会の参加を受付ました。

デザイン女子 No.1 決定戦 2012 の審査委員、出展者、実行委員、学生委員の集合写真

当日の来場者の受付をしました。

来場者の皆さんをおもてなし。

2次審査の審査委員のサポートをしました。

最終ディスカッションの記録を録りました。

審査の動向を見守りました。

学生委員企画をおこないました。

会場でリストを確認しました。

デザイン女子No.1決定戦2013の審査委員、出展者、実行委員、学生委員の集合写真

Design Girls Championship NAGOYA

デザイン女子No.1決定戦２０１２実行委員会

実行委員長	椙山女学園大学 / 大学院 生活科学部生活環境デザイン学科 教授 **村上心**	学生委員	椙山女学園大学3年 永曾あずみ　及部英理 加藤有紀子　兼松朋恵 近藤礼菜　近藤小帆里 坪井香澄　中村瞳 西川令花　丹羽晴香 村瀬瑳也伽 椙山女学園大学1年 大宮朋子
実行委員	椙山女学園大学 / 大学院 生活科学部生活環境デザイン学科 准教授 **橋本雅好** 株式会社テラ 代表取締役 **藤田正彦**		

デザイン女子No.1決定戦２０１３実行委員会

実行委員長	椙山女学園大学 / 大学院 生活科学部生活環境デザイン学科 教授 **村上心**	学生委員	椙山女学園大学3年 石原里美 打田みなみ 小保方亜紀子 先川夏美 佐藤香織 杉本萌 畠中亜由美 森あゆ美 森本美沙子 山田依里 山田紗央莉 椙山女学園大学2年 浅井春香 礒崎萌 大宮朋子 榊原綾乃 堤名央 野田千尋 前田真貴 椙山女学園大学1年 一力真央 倉地かおり 菅沼結衣 西村詩歩 吉田沙耶香 大同大学3年 谷山奈津希
実行委員	椙山女学園大学 / 大学院 生活科学部生活環境デザイン学科 准教授 **橋本雅好** 株式会社テラ 代表取締役 **藤田正彦** 椙山女学園大学 生活科学部生活環境デザイン学科 助手 **早川亜希**		
学生委員代表	椙山女学園大学3年 **幸田結衣**		
学生委員副代表	椙山女学園大学2年 **朝比奈沙江** (記録班班長) **野々山あかね** (企画班班長)		
学生委員班長	椙山女学園大学3年 **永田祥子** (広報班) **山地那奈** (審査班) **湯浅千畝** (受付班) 椙山女学園大学2年 **北村理沙** (会場班)		

design girls championship
デザイン女子No.1決定戦
2012 & 2013 official book

2015年3月9日 初版発行

編著　デザイン女子No.1決定戦実行委員会
発行人　岸 隆司
発行元　株式会社 総合資格
　　　　〒163-0557　東京都新宿区西新宿1-26-2 新宿野村ビル22F
　　　　TEL 03-3340-6714(出版局)
　　　　URL http://www.shikaku-books.jp/
ディレクション　橋本 雅好(椙山女学園大学/大学院 准教授・デザインディレクター)
編集協力　石原 里美　森 あゆ美　山田 依里　柄澤 菜月　(椙山女学園大学橋本雅好研究室)
撮影　柴田 祐希 (Studio Merrys)
　　　大野 隆雄 (スタジオ　キティ)

落丁本・乱丁本はお取替えいたします。
本書の無断転写・転載は著作権法上での例外は除き、禁じられています。
Printed in Japan
ISBN 978-4-86417-152-6
ⓒ デザイン女子No.1決定戦実行委員会